"十三五"国家重点出版物出版规划项目

 转型时代的中国财经战略论丛 ◢

要素价格扭曲和环境规制趋紧双重约束下中国制造业国际竞争力研究

孙　婷　著

中国财经出版传媒集团

经济科学出版社

Economic Science Press

图书在版编目（CIP）数据

要素价格扭曲和环境规制趋紧双重约束下中国制造业国际
竞争力研究/孙婷著 . —北京：经济科学出版社，2019. 6
（转型时代的中国财经战略论丛）
ISBN 978 - 7 - 5218 - 0529 - 1

Ⅰ. ①要…　Ⅱ. ①孙…　Ⅲ. ①制造工业 - 国际竞争力 -
研究 - 中国　Ⅳ. ①F426. 4

中国版本图书馆 CIP 数据核字（2019）第 085677 号

责任编辑：于海汛　陈　晨
责任校对：靳玉环
责任印制：李　鹏

要素价格扭曲和环境规制趋紧双重约束下中国制造业国际竞争力研究
孙　婷　著
经济科学出版社出版、发行　新华书店经销
社址：北京市海淀区阜成路甲 28 号　邮编：100142
总编部电话：010 - 88191217　发行部电话：010 - 88191522
网址：www. esp. com. cn
电子邮件：esp@ esp. com. cn
天猫网店：经济科学出版社旗舰店
网址：http://jjkxcbs. tmall. com
北京季蜂印刷有限公司印装
710×1000　16 开　11 印张　170000 字
2019 年 6 月第 1 版　2019 年 6 月第 1 次印刷
ISBN 978 - 7 - 5218 - 0529 - 1　定价：39. 00 元
（图书出现印装问题，本社负责调换。电话：010 - 88191510）
（版权所有　侵权必究　打击盗版　举报热线：010 - 88191661
QQ：2242791300　营销中心电话：010 - 88191537
电子邮箱：dbts@ esp. com. cn）

前　言

转型时代的中国财经战略论丛

　　改革开放以来，凭借传统比较优势以及外向型发展战略，中国制造业通过不断承接全球产业转移，积极融入国际分工体系，逐步发展成为世界第一制造大国。中国经济的高速增长，在很大程度上也得益于制造业的快速发展，但这种发展建立于要素价格扭曲引致的低成本优势和以牺牲资源环境为代价的基础之上，致使中国制造企业多位于全球价值链的劳动密集型或低附加值加工生产等低端环节，大而不强。后金融危机时代，发达经济体复苏缓慢、新兴经济体增速回落，全球经济增长持续低迷，受此影响中国对外贸易增速放缓，经济发展步入新常态。另外，工资及土地、能源、原材料价格不断上涨，环境承载压力加大、环境规制不断趋紧，中国制造集体走向微利时代，制造业发展的比较优势是否会被劳动力成本上升、环保标准提高等因素逐渐侵蚀而步入"比较优势陷阱"？在新的比较优势形成之前是否会进入"比较优势真空"？

　　要回答这些问题，需要在要素价格扭曲和环境规制趋紧双重约束下对中国制造业国际竞争力的现状和变化趋势进行深入研究，并对现有比较优势和潜在竞争优势有准确的认识和把握。在此背景下，本书通过构建包含要素价格、环境规制、制度和技术创新四个主要影响因素的FRIT框架，借助熵值法从行业和地区两个维度对中国制造业国际竞争力进行评价。结果表明，中国制造业国际竞争力虽有波动但总体呈上升趋势，不同行业竞争力变化趋势差异较大。从分地区的评价结果可以看出，东部地区竞争力最强、西部次之、中部地区竞争力略弱但上升势头平稳。进一步分析制造业竞争力的来源发现，要素价格与制度因素对其贡献程度最大，技术创新稳中有升，环境规制则是一块短板，虽有正向作用，但还未发展为新兴竞争优势。因此为避免中国制造业陷入比较优势断层的发展困境，需要对要素价格扭曲和环境规制影响制造业国际竞争力的内在作用机制进行更为深入的研究，从而为实现经济增长从主要依靠资本和劳动投入到主要依靠生产效率提高的新旧动能转换提供更为坚实的理论支撑。

要素价格扭曲对制造业的发展影响深远。本书采用 CES 生产函数并以"扭曲税"的形式将要素价格扭曲与技术进步偏向纳入统一的理论框架，分析了要素价格扭曲对制造业国际竞争力的作用机制，并在此基础上运用动态面板模型实证研究了要素价格扭曲对制造业国际竞争力的直接影响以及通过作用于技术进步偏向而产生的间接影响。研究结果表明，中国要素市场上的资本和劳动要素价格均存在负向扭曲，资本价格的绝对扭曲程度更高，而劳动力价格的相对扭曲则更为严重；技术进步整体表现出资本偏向型特征，要素价格扭曲是影响技术进步偏向的主要因素；要素价格扭曲对制造业国际竞争力的直接影响具有显著的行业异质性，通过技术进步偏向对制造业国际竞争力的间接影响也与行业要素密集度密切相关。

纠正要素价格扭曲是大势所趋，但这是否会导致要素价格上涨、削弱低要素成本优势，进而不利于制造业竞争力的提升？为深入研究这一问题，本书运用制造业行业面板数据，实证分析原材料、劳动力和资本要素价格变化对中国制造业国际竞争力的影响。研究发现，要素价格对制造业国际竞争力的影响呈"分行业、分要素"不同方向变化的局面。具体来看，原材料价格上涨对制造业国际竞争力的影响呈先下降后上升的 U 形，而实际工资和资本价格上涨对制造业国际竞争力的影响则呈先上升后下降的倒 U 形。

在研究环境规制与制造业竞争力的关系时，一方面，基于环境规制视角，通过构建联立方程模型实证分析技术创新、资本深化与制造业竞争力的内生关系。研究发现，技术创新与制造业竞争力之间存在正向交互效应，有利于制造业可持续发展，但资本过度深化问题也初步显现。环境规制对三者表现出稳健显著的正向影响、验证了"波特假说"。另一方面，本书还从环境规制的社会效应出发，基于双层嵌套 CES 生产函数模型的理论分析与面板估计发现，环境规制趋紧对技能溢价的提升有显著促进作用。采用中介效应模型进行计量分析发现，环境规制对制造业国际竞争力的影响表现出多维性，既有直接的"环境—经济"效应，也有通过技能溢价所体现出的显著中介效应，但其作用方向与理论预期不完全一致。为此，进一步借助面板门槛模型进行检验，结果表明技能溢价对制造业国际竞争力的影响存在双门槛效应：在技能溢价处于较低水平时，对制造业国际竞争力有显著积极影响；当技能溢价较高时，由于技能—需求错配等原因而不利于制造业国际竞争力的进一步提升；但是，技能溢价有助于更好发挥环境规制对制造业国际竞争力的提升作用。

目　录

2

第1章 导　论

1.1　研究背景与研究意义

1.1.1　研究背景

我国改革开放以来，凭借廉价原材料、劳动力、土地等资源优势，以及初级要素专业化的产业发展战略成功推动了中国经济持续高速增长，尤其是制造业发展迅速、国际竞争力不断提升，仅用了40年，便成就了享誉世界的——中国制造。但是，在取得辉煌成就的同时，我们也应深刻认识到中国企业在国际分工中主要承担劳动密集型、低附加值的生产制造和组装环节，仍处于全球价值链的低端，廉价的劳动力和环境资源成本是支撑中国制造业国际竞争力的关键因素。2008年席卷全球的金融危机使各国政府普遍意识到：过度依赖金融及服务业的经济增长模式不可持续。在此背景下，以美国为代表的发达经济体纷纷推行"再工业化"等战略以刺激实体经济复苏、重塑制造业竞争新优势，加速布局新一轮全球贸易投资格局。一些发展中国家也积极参与全球产业再分工，承接产业及资本转移，拓展国际市场空间。这使我国制造业面临发达国家和其他发展中国家的"双向挤压"，外部形势严峻。与此同时，内部形势也不容乐观。随着我国经济发展逐步步入"新常态"，经济增速持续放缓，且面临要素市场价格机制扭曲以及环境压力加大等多重阻碍。

以市场化为导向的经济改革和经济转型取得了举世瞩目的成就，中国已经成为世界第二大经济体和第一制造业大国。然而，尽管产品市场的价格管制已基本放开，但要素市场改革却长期滞后，政府仍保持着对许多重要经济资源的配置权力，形成了明显的要素价格扭曲格局。为了尽快建立国民经济基础，中国实施的是优先发展重工业的工业化战略，利用强大的政府职能对众多关键资源进行配置，以低利率体系刺激投资、为优先发展重工业提供资金，因此资本比劳动的价格扭曲更为严重，进而导致了资本对劳动要素的替代，使中国的技术进步呈现资本偏向性特征。研究表明，要素价格扭曲已成为中国制造业技术复杂度升级赶超的"助推型资源"，使中国贸易结构实现了从劳动密集型到资本技术密集型的转变。

人为压低的要素价格虽对我国制造业发展起到了巨大推动作用，但也不可避免地产生了诸多弊病，其中很重要的一方面就是要素价格扭曲导致的资源错配问题。现有研究表明，目前中国制造业内部的资源错配大约造成了 15% 的产出缺口（陈永伟、胡伟民，2011），因此纠正要素价格扭曲、促进经济增长的潜力是巨大的。但不可忽视的一个问题是：调整要素配置是否一定能够促进制造业发展、提升国际竞争力？优化要素配置结构只是重要条件之一，更为关键的是与技术进步相融合，才能真正实现提质增效，促进制造业转型升级、提升国际竞争力。所以在纠正要素价格扭曲时，要先充分了解这种扭曲对技术进步偏向的影响，做好技术衔接，避免陷入要素与技术相互掣肘、制约制造业国际竞争力提升的误区。此外，近些年来，随着对要素价格扭曲的不断纠正，以及生产发展的需求剧增，劳动力、原材料、能源、土地等生产要素的价格不断上涨，中国长期依赖的低要素成本的比较优势正在逐步丧失①。

另外，改革开放以来，伴随城乡二元经济结构向市场经济体制的转变，加之工业化与城市化进程的高速发展，使我国不可避免地提前出现了西方发达国家工业化进程中的环境污染和生态失衡问题。尽管各级政府普遍意识到环境规制的紧迫性，但是生态环境的先天脆弱性、后天压力以及经济增速的刚性约束使我国环境保护与产业发展的矛盾较发达国家更为突出。环境规制强度逐渐加大，中国制造业将身背"环境破坏惩

---

① 2014 年美国 BCG 集团在其《全球制造业的经济大挪移》研究报告中比较了 25 个最大出口经济体的制造业成本，中国的制造业成本指数仅略低于一些发达国家或地区，远高于其他发展中的国家或地区。

罚"这一高昂成本，发展面临更大约束。2016 年耶鲁大学发布的《2016 年环境绩效指数报告》中，中国空气质量得分极低，成为细颗粒物（PM2.5）超标的"重灾区"。长期大面积的严重雾霾会影响居民身体健康和生活质量，环境问题已经引起了社会大众和各级政府的高度重视。为了治理雾霾，国家出台了多方面应对措施，包括对制造业进行限产甚至停产。然而，以牺牲经济利益为代价的环保政策，虽有立竿见影的效果，但却不是长久之计。作为一个高速发展的新兴大国，中国不可能因环境压力而放弃制造业，在很长一段时间内制造业仍将是国民经济的重要压舱石。

在国民经济发展过程中，制造业始终是最重要的物质基础和产业主体，也是国家竞争力的重要体现。全球制造业正处于激烈变革期，依托传统比较优势已不能满足新时期提升制造业国际竞争力的需要。在要素价格和环境规制趋紧的双重压力下，制造业既要作为杠杆拉动经济增长，又要实现节能减排降耗，发展形势不可谓不严峻。因此，如何进一步挖掘潜在增长动能、提升制造业国际竞争优势，是实现中国制造业转型升级必须解决的首要问题。在此背景下，本书重点从要素价格扭曲和环境规制趋紧两个方面，设计评价指标体系对中国制造业国际竞争力进行测度，构建理论模型讨论要素价格扭曲和环境规制对制造业国际竞争力的影响及作用机制，并在此基础上进行实证检验。以期能够反映当前中国制造业的实际竞争力水平及其关键影响因素，就如何提升制造业国际竞争力提出建设性意见。

1.1.2　研究意义

1. 理论意义

本书着重从生产要素价格扭曲和环境规制趋紧背景下剖析中国制造业国际竞争力，并构建双重约束下制造业国际竞争力的评价指标体系，对制造业国际竞争力进行评价研究。进一步，要素价格方面，在统一的理论框架内，通过引入"扭曲税"的形式，构建要素价格扭曲指数以及包含要素价格扭曲的技术进步偏向系数，在此基础上分析要素价格扭曲对制造业国际竞争力的多维影响；在环境规制方面，通过双层嵌套的

CES 生产函数，将环境规制纳入技能溢价的影响因素，分析环境规制对制造业国际竞争力的直接影响，以及通过技能溢价对其产生的间接影响；并在理论模型的基础上展开实证研究甄别影响制造业国际竞争力的关键因素，丰富了制造业国际竞争力研究的内容。

2. 现实意义

制造业是中国成为世界大国最重要的经济基础，直接支撑着中国的国际地位，决定中国对全球经济发展的影响力和全球治理的话语权。当前，世界各国身处第三次科技革命的浪潮中，如何将传统制造业与互联网产业等新兴业态充分融合，是未来 10~15 年内中国制造业转型升级、实现对西方发达国家弯道超车的关键。在新常态下，解决中国面临的许多突出的社会民生、产业结构、国家安全等问题，都需要以发达的制造业为依托，而生产要素价格上涨和环境规制趋紧是制造业向高端迈进、实现转型升级亟待解决的突出难题，因为生产要素的相对紧缺、环境规制的紧迫性以及经济增速的刚性约束使得我国资源、环境和经济发展之间的矛盾愈加激烈。本书的研究就此展开，通过对要素价格扭曲及受其影响的技术进步偏向进行研究，以期为我国在消除扭曲、优化资源配置的过程中，如何进行合理的技术创新选择、实现资源优化配置与技术进步相融合提供决策建议；同时，通过区分环境规制对不同污染行业的就业和工资结构的影响，识别和验证环境规制对制造业国际竞争力的传导路径，以期为政府部门针对不同行业的实际特征制定差异化环境规制政策提供有益的借鉴，最终作用于制造业国际竞争力，顺利实现制造业发展的提质增效。

1.2　主要内容与研究框架

1.2.1　主要内容

本书在总结国际竞争力评价方法的基础上，综合考虑当前中国制造业转型升级的背景和困境，构建新形势下制造业国际竞争力评价指标体系，对制造业国际竞争力进行评价。进一步，为厘清要素价格和环境规制趋紧对制造业国际竞争力提升究竟有何影响，以便为实现制造业由要素驱动向技术效率驱动的转型提供理论支撑。本书通过理论模型演绎和实证分析，深入探讨了生产要素价格扭曲和环境规制趋紧对制造业国际竞争力的作用方向及程度，第4、第5章主要围绕要素价格扭曲及纠正扭曲后要素价格上涨两个方面展开研究，第6、第7章则从经济效应和社会效应两个维度展开环境规制对制造业国际竞争力的影响研究。各章具体内容及主要研究观点如下：

第1章导论。主要介绍本书的研究背景、研究意义、结构框架、研究方法和主要创新点。

第2章文献综述。梳理当前国际竞争力方面的重要文献，着重分析国外研究国际竞争力的理论模型以及国内使用较多的竞争力评价方法，为本书构建制造业国际竞争力评价模型奠定基础。随后从要素价格及环境规制两个方面综述制造业国际竞争力的相关影响因素。探讨要素价格影响的文献主要集中在要素价格扭曲形成的低要素成本优势、造成的配置效率损失，以及要素价格扭曲与其他经济问题（如投资和消费、要素收入分配）之间的关系研究。有少数文献也开始关注要素价格上涨对我国经济发展将产生怎样影响，但尚未形成一致观点。近年来环境规制方面也涌现出诸多颇有启发性的研究，如环境规制对技术创新或全要素生产率的影响，环境规制对污染密集型产品贸易流向的影响，对就业情况的影响也有所涉及。最后对上述文献进行评价，提出本书研究的主要切入点。

第3章基于FRIT框架的制造业国际竞争力评价研究。在生产要素价格扭曲与环境规制趋紧双重约束下，为明确中国制造业国际竞争力的当前水平及其演变情况，本书在以往研究的基础上，构建了包括要素价格、环境规制、制度和技术创新四个因素的FRIT框架及指标体系，区分不同行业和不同地区、运用熵值法对中国制造业国际竞争力进行评价。结果表明中国制造业竞争力总体呈波动上升趋势，但无论异质性行业层面还是地区层面，竞争力评价结果均差异明显，最后进一步探讨了四个主要评价指标权重变化情况，以期能够对制造业国际竞争力水平形成一个直观的认识，并为进一步研究其相关影响因素及政策制定提供有益帮助。

　　第4章要素价格扭曲、技术进步偏向与制造业国际竞争力。主要研究要素价格扭曲以及由此导致的资本偏向型技术进步对中国制造业国际竞争力的影响。当前关于要素价格扭曲的研究多集中于对要素价格扭曲程度的测算，以及对价格扭曲所造成的要素配置效率损失进行估算，而受要素价格影响的另一重要方面——技术进步偏向，现有研究却很少关注两者之间的重要联系。因此本章在既有研究的基础上，将要素价格扭曲产生的"扭曲税"纳入技术进步偏向的理论模型，并借助 CES 标准化生产函数进行参数估计。在这样一个统一的理论框架下，既能测算行业要素价格扭曲水平，又可以进一步分析要素价格扭曲对技术进步偏向的影响。此外，我们还将研究进一步推向深入，关注要素价格扭曲与技术进步偏向对制造业国际竞争力的传导机制。当前该领域研究的一个共识就是中国的制造业竞争力主要源于低成本优势，而要素价格扭曲正是形成这种低成本优势的重要原因；但不可否认的是，要素市场的扭曲还造成要素配置效率与经济发展效率低下。所以，要素价格扭曲对中国制造业国际竞争力的直接影响实际上是低成本优势与效率损失正反两方面合力的体现。要素价格扭曲还存在着由技术进步偏向到制造业竞争力的间接传导路径：在纠正要素价格扭曲、促进资源配置结构优化的过程中，与要素禀赋优势的变化相适应的技术选择也会发生改变、并对经济效率与产业竞争力产生影响。因此，本章对要素价格扭曲及技术进步偏向作用机制的分析有助于丰富制造业国际竞争力的相关研究，为推进我国要素市场化改革与制定合理的产业发展政策提供更加准确的决策参考，以尽可能削弱相关改革举措对制造业国际竞争力的不利冲击。

　　第5章生产要素价格上涨对制造业国际竞争力的影响研究。主要研究要素价格上涨对制造业竞争力的影响。正如前文所述，要提高生产要素配置效率，必须逐步纠正要素市场价格扭曲，加之随着经济发展，对生产要素的需求剧增，生产要素价格上涨是制造业发展道路上一个绕不过的问题，国内外的学者们也开始关注该问题，研究主要集中在：生产要素成本上升趋势的判断，生产要素成本上升的原因及应对策略等，少有几篇单独分析劳动力成本上升对制造业某一个方面的影响，如出口竞争力、出口技术结构等，缺乏生产要素价格上涨与制造业国际竞争力之间实质关系的进一步探讨。本章节在分析近年来生产要素价格上涨的实际情况的基础上，区分不同生产要素，实证分析劳动力价格、原材料价格以及资本价格三者对劳动密集型行业和资本技术密集型行业国际竞争力的异质性影响。从实证研究结果可知，不同生产要素价格上涨对我国制造业国际竞争力的影响方向不同。

第 6 章技术创新、资本深化与制造业竞争力。主要从环境规制的经济效应入手研究其对制造业国际竞争力的影响。在既有研究基础上，构建技术创新、资本深化与制造业国际竞争力的联立方程模型，分析三者内在的作用机制，并在每个方程中加入环境规制变量以考察其对三者之间内生关系的影响；且进一步从制造业整体以及重度、中度、轻度污染三类行业进行实证分析，以期能够较全面地反映环境规制对制造业国际竞争力的影响。研究结果表明，从制造业总体角度看，在环境规制约束下，技术创新和制造业国际竞争力之间存在正向交互效应，有利于制造业可持续发展，但资本过度深化的问题也初步显现，对制造业国际竞争力的负向影响显著。环境规制对三者表现出稳健显著的正向影响，一定程度上说明在工业污染防治压力下，制造业行业具备一定能动性，"波特假说"得到验证。

第 7 章环境规制、技能溢价与制造业国际竞争力。主要从环境规制直接效应以及通过技能溢价产生的中介效应展开对制造业国际竞争力的影响研究。当前环境规制社会效应的研究主要集中在对就业数量和就业机会的影响方面，从分地区、分行业到异质性劳动就业均有涉及，但鲜有文献关注环境规制对就业结构的影响，有关环境规制对技能溢价影响的研究更是稀缺。技能溢价方面的国内外文献，则着重于通过理论和实证研究探讨技术进步偏向性和国际贸易对技能溢价的影响机制，以及何者对技能溢价的影响占主导地位。这些既有研究给作者以启发，即环境规制不仅影响就业数量和就业机会，而且直接影响到技能溢价，进而可能改变就业结构。本章通过构建双层嵌套的 CES 生产函数，并将环境规制纳入技术效率的影响因素，以此研究环境规制对技能溢价的影响。结果表明，环境规制确实对技能溢价有显著的正向影响；进一步以技能溢价为中介变量，研究环境规制通过技能溢价对制造业国际竞争力的中介效应，实证结果表明技能溢价对制造业国际竞争力表现为负向影响，与理论预期相反。考虑到技能溢价的影响可能是非线性的，本章继续通过面板门槛模型进行非线性检验，结果表明，在不同的门槛区间内，技能溢价对制造业国际竞争力影响方向不同，在较低的门槛区间内有正向影响，而在较高的区间内，由于技能与需求不匹配，工资虚高，表现出负向影响。但随着技能溢价水平提升，环境规制对制造业国际竞争力的影响更为明显，说明技能劳动的增加有利于环境规制的推进及效果提升。

第 8 章研究结论及政策建议。本章将总结前面各章节的研究成果和结论，并针对研究结论提出相应的对策建议，以期研究成果能为现实发展服务。

1.2.2 结构框架

本书结构框架如图 1 – 1 所示。

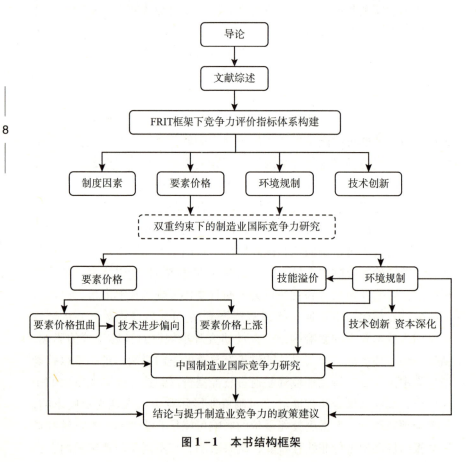

图 1 – 1　本书结构框架

1.3　研　究　方　法

（1）对比分析法。本书在 FRIT 框架下构建制造业国际竞争力评价指标体系，并就各个二级指标对国际竞争力的影响权重进行对比分析；其次在分析要素价格变化的两章中，考虑到不同要素密集型行业对相对要素价格差异的敏感程度不同，将制造业整体按照不同要素密集度进行划分，比较分析要素价格扭曲和要素价格上涨对不同要素密集型行业的差异化影响；另外研究环境规制的影响时，则按照不同环境规制强度对制造业国际竞争力进行分类，实证分析环境规制以及其他主要变量对不同污染密集型行业的异质性影响。

（2）理论分析与实证分析相结合。本书第 4 章在统一的 CES 生产函数框架下，就要素价格扭曲、技术进步偏向以及两者对制造业国际竞争力的影响进行理论分析，在此基础上构建要素价格扭曲系数和技术进步偏向指数，实证检验两者对制造业国际竞争力的影响；第 7 章则借助双层嵌套的 CES 生产函数，构建环境规制通过技术进步偏向进而影响技能溢价的理论模型，以此为基础进行实证分析，检验环境规制对技能溢价的影响，并以技能溢价为中介变量和门槛变量，计量分析环境规制对制造业国际竞争力的直接和间接、线性和非线性影响。

（3）多种计量方法综合运用。为了提高研究质量和结论的可靠性，本书根据各章不同的研究需要、选择不同的计量分析方法。如运用可行性广义非线性最小二乘法（FGNLS）对标准化的 CES 生产函数进行参数估计，提高估计的稳健性；运用动态面板模型实证研究要素价格扭曲与制造业国际竞争力之间的关系，运用联立方程组检验技术创新、资本深化与制造业国际竞争力的相互关系，以削弱内生性问题对实证分析的不利影响；运用中介效应模型和面板门槛模型分析环境规制对制造业国际竞争力的直接效应，以及通过技能溢价产生的间接效应和非线性影响，以丰富制造业国际竞争力的研究内容。

1.4 主要创新点

（1）将要素价格扭曲产生的"扭曲税"纳入技术进步偏向的理论模型，研究中国资本偏向型技术进步的深层原因，并进一步分析要素价格扭曲对制造业国际竞争力提升的直接影响以及通过技术进步偏向的间接影响，丰富制造业竞争力的研究。采用 CES 生产函数，以"扭曲税"的形式引入要素价格扭曲，在带有要素价格扭曲的竞争均衡模型中定义要素价格的绝对和相对扭曲系数，并考虑要素价格扭曲对要素生产效率的影响，构建测度各行业的技术进步偏向指数。这样既能较准确地刻画各行业的要素价格扭曲，也能为研究要素价格扭曲对技术进步偏向的影响奠定理论基础。在要素价格扭曲系数和技术进步偏向指数测算基础上，区分制造业整体及不同要素密集型行业，实证分析要素价格扭曲对制造业国际竞争力的直接影响，以及通过技术进步偏向所产生的间接影响，以期为我国在消除扭曲、优化资源配置过程中，如何进行合理的技术创新选择、实现资源优化配置与技术进步相融合提供决策参考。

（2）将环境规制对就业的影响与技术进步效率相结合，通过构造技术进步效率函数，将环境规制纳入技能溢价的影响因素中，可以深入探究环境规制对技能溢价的影响。以此为基础，在分析环境规制对制造业国际竞争力直接影响的同时，作为一个新视角，将技能溢价作为中介变量，分析环境规制对制造业国际竞争力的间接影响，将使环境规制与制造业国际竞争力关系的研究更加精确和全面。构建资本和劳动、技能劳动和非技能劳动双层嵌套 CES 生产函数，推导出技能溢价理论模型，将环境规制纳入技术进步偏向的影响因素，研究其对技能溢价的影响，并按照不同污染程度行业进行实证检验；在此基础上将技能溢价作为中介变量分析环境规制对制造业国际竞争力影响的传导机制，并以制造业面板数据进行计量分析，对技能溢价的中介效应和门槛效应进行实证检验。主要目的在于区分环境规制对不同污染程度行业的就业和工资结构的影响，识别和验证环境规制对制造业国际竞争力的传导路径。

（3）本书基于 FRIT 框架，即要素价格、环境规制、制度和技术创新四个维度，构建评价指标体系，测度新形势下中国制造业国际竞争力的水平及变化趋势。这四个方面既有制造业发展仰赖的传统比较优势，亦包含未来发展所需的新兴竞争优势来源，可以同时反映要素价格上涨和环境规制趋紧两个关键因素对制造业国际竞争力的影响，利用熵值法对评价指标进行量化分析，能够为了解我国制造业国际竞争力的变化情况提供现实依据，以及对未来发展情况形成可靠预期。

第 2 章 文 献 综 述

后金融危机时代，制造业对稳定经济增长的积极作用受到各国普遍重视。面对发达国家"再工业化"与发展中国家全球价值链不断攀升的双重挤压，中国制造业是否仍具备竞争优势、竞争力如何变化，成为近年来新的研究热点。国际竞争力是一个随形势发展而动态变化的内容，在某一时段，曾是决定竞争力大小的关键因素，随着时间的推移其主导地位可能已发生变化，而先前对制造业国际竞争力影响不明显的因素，随着竞争形势的演化却可能成为决定制造业国际竞争力的重要因素，因此研究制造业国际竞争力不同时段的变化趋势以及主要影响因素的转换是非常必要的。本章主要在回顾现有制造业国际竞争力相关文献的基础上，归纳当前制造业国际竞争力评价的各种方法，并就当前影响制造业国际竞争力的两个关键因素——要素价格和环境规制的相关文献进行梳理，总结既有研究的主要成果及薄弱之处，作为本书的切入点展开研究，进一步丰富制造业国际竞争力的研究。

2.1 产业国际竞争力评价及其影响因素文献简述

2.1.1 产业国际竞争力的概念与范畴

研究制造业国际竞争力，首先需明确制造业国际竞争力的概念，但是就国际竞争力的含义，学术界还存在不小的争论，具有代表性的定义主要有：

1997 年，世界经济论坛发表《全球竞争力报告》，该报告从经济发展质量和居民生活条件等方面对国际竞争力进行了定义，即"在人均实际收入方面达到持续高增长的能力，就像以不变价来测定人均 GDP 一样"。同一年，在瑞士洛桑管理开发学院出版的《国际竞争力年鉴》中将国际竞争力与一国在世界市场上所能获得的财富相挂钩，主要指一国在其特定的国情条件下，借助自然资源或通过提升国内经济对外资流入的吸引力，进而创造更多附加价值的能力。哈佛大学教授迈克尔·波特对国际竞争力也颇有研究，他将其定义为国家特定产业在世界市场上销售商品所获得的利润或提供服务所获得的报酬。

国内学者也对国际竞争力的定义进行了深入讨论。金碚（1996）提出国际竞争力是指一国在世界市场上与竞争对手相比、在销售产品或提供劳务时表现出来的相对生产力水平。郭京福（2004）认为产业国际竞争力表现为产品成本和服务质量之间的差异化，这一差异化可以通过提升资源配置效率或增加技术投入来实现，但其最根本目标还是增加一国的财富，这与洛桑管理开发学院对国际竞争力的定义相类似。王丽萍等（2006）认为国际竞争力是一国在产业发展的不同阶段，通过技术创新和资源不断优化组合，能够在市场上向消费者提供更多更优质的产品和服务，最终目的是获得更高的收益，这一定义在全球一体化趋势下更为适用。

2.1.2 产业国际竞争力评价的相关国外研究

对国际竞争力定义的不同界定，以及主要内容的不同理解，衍生出了多种国际竞争力测评方法，而且不同方法的侧重点差别较大。现有文献常见的竞争力测度方法有 CMS 模型评价法、成本收益法、投入产出法、单一比较、多因素综合比较、主成分分析法、聚类分析法、DEA 分析法、组合分析等，下面选取几个代表性方法进行介绍。

泰森斯基（1951）提出了用恒定市场份额模型（CMS）评价产业国际竞争力，该模型将一国的贸易增长分解为数项不同因素的综合，包括增长效应、商品结构、市场结构和竞争力效应等四个方面，并在评价竞争力时排除商品结构、市场结构等因素的影响，以免产生对产业竞争力的高估。后续研究如理查森（1971）、弗里斯（1976）、法格伯格和索利（1987）等进一步完善了 CMS 模型，使该模型分析国际竞争力时解释力更强。在国家层面，若从价格、成本和生产率等方面比较分析国际竞争力，必然要涉及汇率问题，这方面的研究主要以 ICOP 项目组提出的"生产法"为代表①，瓦格纳等学者收集了自 1983 年以来各国的制造业数据，并按照购买力平价计算出产业产出数据，以此为基础进一步测算出各国的要素生产率、TFP、单位产出成本等指标，进行国家间的横向比较或产业间的纵向比较。

多因素综合分析方法，最有代表性的当属迈克尔·波特提出的"钻石模型"理论，该模型是在国际竞争力研究领域比较完善的理论模型，同时也被众多的学者拓展和应用。在迈克尔·波特的一系列著作中，将产业组织理论引入战略管理的研究中，提出了著名的用于评价竞争力的"钻石模型"，而竞争优势理论也随这一模型的提出而逐渐发展完善。"钻石模型"最初主要用于分析发达国家的产业竞争力，如对美国、日本、德国和英国等国家的竞争力评价。以该模型为基础的国际竞争力研究中，最具权威的是世界经济论坛和洛桑管理开发学院所构建的国际竞争力评价体系，很多国家纷纷加入了该测评体系，此后国际竞争力逐渐发展为一种多维度的综合概念。波特的理论提出后，学者们将该理论应用到各国的竞争力分析和研究之中，并取得了诸多有益结论，在竞争力方面的解释力得到广泛认可。

但在实际应用中，钻石模型也逐渐表现出一些局限性，很多学者结合各国的实际情况对"钻石模型"进行了修正。邓宁（1993）提出了国际化钻石模型，他认为波特的"钻石模型"没有充分体现跨国集团的作用，尤其是在要素资源配置和生产力效率等方面，低估了全球一体化对国际竞争力的影响，因此他改进了"钻石模型"，将"跨国公司的商务活动"作为拓展变量纳入模型，后来这一拓展模型被称为"波特—邓宁"模型。在对新西兰国际竞争力的研究中发现，新西兰对国际市场的依赖性较强，而钻石模型在这方面的解释力较差。卡特赖特（1993）以此为切入点在原模型基础上，构建了"多因素钻石模型"，增加了 5 个海外变量，更适用于研究以资源为基础的出口依赖型工业国的国际竞争优势。拉格曼和克鲁兹（1993）构建了"双钻石模型"来研究加拿大的国际竞争力。加拿大最主要的出口对象是美国，对美国的

① 荷兰格林根大学产出与生产率比较项目（International Comparison of Output and Productivity，ICOP）。

贸易依存度极高，因此其国际竞争水平不仅受本国经济形势的影响，还取决于美国的市场需求状况，"双钻石模型"的主要优势在于将两个国家的钻石模型结合起来分析其相互之间的影响。但"双钻石模型"是仅针对与美国存在较高贸易依存度的加拿大为研究对象构建的，不具有普遍适用性。为了更为客观地分析小国经济的竞争优势，穆恩等（1998）提出"一般化双钻石模型"，该模型强调小国经济体由于对贸易对象的依赖性较强，其国家竞争力部分依赖国内的钻石体系，部分依赖全球钻石体系。

国外学者基于不同侧重点、运用不同方法对国际竞争力进行了分析评价，取得诸多有益进展，丰富了国际竞争力的研究，也为中国的产业竞争力研究提供了借鉴。

2.1.3　产业国际竞争力评价的主要国内研究

当前国内研究产业竞争力的文献颇丰，但在竞争力的定义、评价方法以及评价指标的选择等方面仍然存在较多分歧。并且，随着国内外经济形势的不断变化，竞争力的内容也在不断扩展，需要对其进行持续深入的研究。根据陈立敏和谭力文（2004）的研究结论，可以将制造业竞争力划分为四个层次，如表 2-1 所示。

表 2-1　　　　　　　　　　竞争力的分析层次

层别	实质	典型评价方法
第一层次	竞争力的来源	多因素综合评价
第二层次	竞争力的表现	进出口数据法
第三层次	竞争力的实质	ICOP 法
第四层次	竞争力的结果	产业利润法

这四个层次的竞争力具有环环相扣的逻辑循环关系。获得利润是一国在市场上进行竞争的最后结果也是最终目的，但要获得更多利润就要比其他国家更具竞争力，更高的竞争力则来源于一国产业更高的生产率，生产率的提高又可以通过进出口规模的扩大表现出来，生产的扩大、出口的增多则主要源于生产要素、制度及技术创新等多方面因素的

共同作用；所以竞争力的几个层次是紧密联系、互为一体的。目前关于制造业竞争力的研究主要是围绕竞争力四个层次进行的，下文以此脉络对产业竞争力相关文献进行梳理归纳。

1. 对竞争力来源的研究——多因素综合指标评价法

多因素综合指标评价法通常将国际竞争力进行多维度分析，目的是能够对竞争力做出全面的评价。综合指标评价法的指标选择不是漫无目的的，而是在分解某一竞争力理论的基础上选择指标，进而设计出用于特定评价目的的指标体系，并对选取的指标进行标准化处理，再根据各分类指标和总指标得分进行分析比较和总体评价。

裴长洪依据产业组织理论和已有的研究成果，提出基于不同目的分析不同类型的竞争力，应该使用不同的分析范式。裴长洪和王镭（2002）区分显示性指标和分析性指标，构建竞争力评价指标体系测度了产业国际竞争力，并对产业相对和绝对竞争优势进行了分析说明。彭羽（2009）则通过要素、市场和可持续发展三个方面展开对中国服装产业竞争力的评价，研究结果表明，要素的优劣决定了市场竞争力和可持续竞争力水平，原材料、劳动力等要素优势使得中国纺织服装业的市场竞争力较强，由于品牌和技术等要素处于劣势，中国纺织服装业的可持续竞争力不强。甄峰和赵彦云（2008）从生产效率、成本、制度和市场等7个方面设计指标，运用聚类分析和因子分析方法，对中国制造业竞争力进行国际比较分析，归纳出"硬实力"和"软实力"两个公因子，研究结果显示，中国制造业硬实力水平较高，表现为成本低、市场大，而软实力（如生产效率、企业制度和创新网络等方面）与发达国家存在较大差距。

源于对多维影响因素的综合考虑，多因素综合指标评价法可以对竞争力进行较为全面的评价。但是，该方法需要合理设计纳入评价体系的各项指标，在此基础上收集指标数据进行统计分析，而且有些指标在权重赋值时主观性较大，使得该方法的应用受到一定的限制。

2. 对竞争力表现的研究——进出口数据法

在竞争力表现层次上运用进出口数据展开对中国制造业竞争力的研究，是国内研究最常用的方法。经典的进出口数据评价方法当属显示性比较优势指数（RCA）。1965 年贝拉·巴拉萨构建了 RCA 指数，用于测算国家或地区产业贸易的比较优势。该指数以某产业在该国出口中所占的份额与世界贸易中该产业占贸易总额的份额之比来表示，通过比较两个比值的变化率可以剔除总量波动的影响，能够准确反映一个国家某一产业的出口相对于世界各国平均水平的比较优势。借助 RCA 指数不仅可以纵向比较某产业相对出口优势的变化情况，而且可以与其他国家的该产业及本国其他产业进行横向比较。运用进出口数据进行评价的其他指标还有国际市场占有率、出口增长率优势指数、固定市场份额模型、贸易竞争力指数、产业内贸易指数、出口产品质量指数、出口优势变差指数等。

　　金碚等（2006）对加入世界贸易组织（WTO）后中国制造业的竞争优势和比较优势进行了对比分析，结果表明，加入 WTO 以后中国制造业国际竞争力由于竞争优势的不断加强而持续提升，但制造业的比较优势变化却不明显。张小蒂和孙景蔚（2006）以垂直专业化分工为依托，分析了我国产业的显示性比较优势指数和贸易竞争指数，以揭示制造业国际竞争力的动态变化。结果发现竞争力动态变化的行业差异明显，资本技术密集型工业制品的竞争力稳步提升；而且长期来看，垂直专业化对国际竞争力提升表现为正向影响。姚洋和章林峰（2008）为更准确地测算中国本土企业在产品和技术层面的竞争力水平，利用海关数据并区分不同企业类型、借助出口产品技术复杂度指数，考察本土企业出口产品的竞争优势与技术变迁。结果表明，虽然整体层面上本土企业的竞争优势略低于预期，但技术水平保持了绝对增长，并没有成为国际分工链中的受害者，竞争优势稳健上升。黄先海和陈晓华（2008）运用贸易竞争力指数，测度了我国 36 个产业部门的贸易竞争力水平。研究表明，服装业等劳动密集型产业仍然是我国拥有贸易竞争力的主要产业类型。陈立敏和侯再平（2012）在融入技术附加值的基础上采用显示性技术附加值（RTV）方法对电子通信设备产业的国际竞争力进行评价，并与其他 5 个国家和地区的评价数值进行比较，结果与一般的产业竞争力比较结果大相径庭。在融入技术附加值后，中国产业长期表现出进口高技术产品而出口低技术产品的"技术逆差"状态，竞争力与欧美等发达国家存在较大差距，但这比较符合我国的实际情况，充分说明不考虑技术附加值时对竞争力的评价是有失偏颇的。因此在进行产业国际竞争力评价时，要综合"量"和"质"两个方面进行全面的评价。

进出口数据指标能够直观地反映制造业国际竞争力的真实水平，且该方法多以进出口数据计算整理，数据收集相对容易，鉴于上述优势，进出口数据指标法在评价竞争力时应用广泛；但是，该方法也存在一些不足，如只能反映竞争力的现状，却不能分析形成该现状的原因，而且，使用不同指标的计算结果可能存在较大差异。

3. 对竞争力实质的研究——生产率法

任若恩（1998）关于中国制造业国际竞争力的初步研究和进一步研究，以及郑海涛和任若恩（2005）关于多边比较下的中国制造业国际竞争力研究等是国内较早以生产率法测算制造业国际竞争力的文献，这些研究认为一国的生产率水平、产品质量和相对价格是影响产品国际竞争力的主要因素。由于 ICOP 项目组已收集了各国具有可比性的投入和产出数据，在此基础上通过计算中国与其他国家产品的相对价格水平、相对劳动成本和劳动生产率等指标并进行比较，可以对中国以生产率衡量的制造业国际竞争力水平有一个直观认识。这种生产率法以购买力平价为基础对数据进行换算，使各国数据具有了可比性，提高了各国国际竞争力测评的可靠性，然而，烦琐的购买力平价计算也在一定程度上限制了该方法的实际应用。

张其仔（2003）为避免关税、配额、汇率以及垄断力量等因素的影响，运用静态和动态劳动生产率指标，以"三资"企业为标杆，将中国制造业企业的生产效率与三资企业相比较，研究结果表明我国制造业企业的国际竞争力整体处于中等偏下水平，并呈现劳动生产效率较低、效率变化与市场化份额变化相背离等特征。郭克莎（2000）借助测算劳动生产效率、工业增加值率、劳动报酬占增加值比重等指标，比较中国制造业与世界先进制造水平的差距，概括出哪些制造业行业具有相对优势、而哪些行业处于劣势。而且进一步分析发现，以汇率换算的劳动生产率和以购买力平价换算的劳动生产率差别较大，但劳动生产率低的测算结果是一致的，这已对我国低劳动力成本优势的发挥形成了掣肘。

4. 对竞争力结果的研究——产业利润率法

已有文献对产业竞争力的研究，很少单独使用产业利润率法对竞争力进行评价，大多都是将产业利润率方法和前面的方法相结合使用。陈立敏（2010）年使用劳动生产率与产业利润率相结合的方法，对产业竞争力进行评价。范爱军和林琳（2006）将进出口数据评价法和产业利润率评价方法结合起来研究中国工业品国际竞争力。研究结果发现，中国工业品国际竞争力提升趋势明显，但竞争力来源仍集中在价格优势上，粗放型增长明显。

虽然进行制造业国际竞争力评价的研究文献很多，但是，这些研究都是自成体系的，即研究者根据其对竞争力的理解和研究的需要，选用不同的理论模型或构建指标体系对竞争力进行评价分析。迄今为止，还没有形成一套被广泛接受的统一的国际竞争力评价方法。

2.2　要素价格变动对制造业国际竞争力的影响机制

2.2.1　生产要素价格扭曲与制造业国际竞争力

要素价格扭曲会对经济发展方式产生深远影响，要素价格扭曲的程度及其产生的经济效益成为众多学者关注的热点领域。在要素价格扭曲程度的测算方面，现有研究大多事先假定存在要素价格扭曲的事实，然后通过生产函数、成本函数或者利润函数等形式间接测度要素价格的扭曲程度。阿特金森和霍尔沃森（1984）提出了一般化成本函数模型对生产要素价格的扭曲进行估计。斯库尔卡（2000）首次通过估计生产可能性边界以反映整个市场的价格扭曲程度。陶小马等（2009）通过要素的真实成本函数和影子成本函数的变换对比，定量估算了中国能源要素替代与价格扭曲水平。施炳展和冼国明（2012）将 CD 函数估算的边际产出与要素实际价格进行对比，以其比值作为扭曲程度的代理变量。杨帆和徐长生（2009）、蒋含明（2013）则借助参数化随机前沿方法估计了中国要素市场的扭曲程度。王宁和史晋川（2015a）梳理了目前要素价格扭曲测算的主要方法，并深入探讨了测算结果之间存在差异的主要原因，其研究结果表明我国资本和劳动要素价格均存在负向扭曲，且总体上资本的价格扭曲更严重。

要素价格扭曲的经济效应主要是指资源错配造成的经济效率损失。由于各种制度性障碍导致要素市场存在价格扭曲，资源配置难以实现最优，通过纠正要素价格扭曲可以提高资源配置效率。谢和克雷诺（2009）构建了 HK 模型并开创性地引入"扭曲税"用以研究中国和印度的要素价格扭曲引起的效率损失。勃兰特等（2013）也对要素价格扭曲导致的效率损失进行了讨论。赵自芳和史晋川（2006）、姚战琪（2011）运用 DEA 方法分析了中国制造业因要素价格扭曲导致的资源非效率配置等问题。陈永伟和胡伟民（2011）在 HK 模型的基础上，将资源配置和效率损失纳入传统的增长核算分析框架，提出了测度要素价格扭曲引起的资源错配影响潜在产出的具体方法，并发现我国制造业资源配置效率的改善能够显著提高 TFP 并缩小产出缺口。

除了资源配置效率损失外，近年来要素价格扭曲的其他影响也引起国内学者的关注。盛仕斌和徐海（1999）研究了不同所有制类型企业的资本和劳动价格扭曲情况，认为要素价格扭曲会对我国的就业产生不利影响。张杰等（2011a）、李永等（2013）、张宇和巴海龙（2015）分析了要素市场扭曲对中国技术研发和技术溢出的影响，研究发现要素市场扭曲越严重，对中国企业 R&D 投入的抑制效应就越大，引进国外技术的溢出效应也越明显。张杰等（2011b）、施炳展和冼国明（2012）、唐杰英（2015）、耿伟和廖显春（2016）等分析了要素价格扭曲对中国企业出口的影响，发现两者呈显著正相关关系。陈彦斌等（2014）通过引入"扭曲税"研究利率管制，发现资本品市场的利率管制会扩大总投资、抑制消费，从而加剧总需求失衡。蒋含明（2013）、王宁和史晋川（2015b）则分别研究了要素价格扭曲对收入差距及投资消费结构的影响，研究结论表明扭曲程度越严重、收入差距就越大，要素价格扭曲不利于投资消费结构的改善。

要素市场改革滞后无疑是中国改革进程中出现的重要现象，政府对各类要素分配权和定价权的控制使中国要素价格存在着明显扭曲。但我们发现在众多研究中，要素价格扭曲的另一重要经济效应却被忽视了，那就是对技术进步偏向的影响。如果一种技术与行业的要素禀赋结构相匹配，将缩小行业全要素增长率与潜在水平之间的差距，这种技术可称为适宜技术。阿西莫格鲁（2002，2003）系统阐述了偏向性技术进步的内生化过程并利用美国数据进行了检验。萨克拉里斯和威尔逊（2001）的研究表明，美国的技术进步是偏向资本的，资本体现式技术进步的贡献逐年增加。克勒姆等（2007）利用美国时间序列数据估算技术进步偏向性，发现美国资本与劳动增强型技术进步呈现非对称发展。安东内利等（2010）利用经济合作与发展组织（OECD）的数据进行实证分析发现，与资源禀赋优势一致的技术进步有助于提高生产率，为技术的选择是否适宜提供了判断依据。国内学者也对技术进步偏向性进行了研究，戴天仕和徐现祥（2010）、傅晓霞和吴利学（2013）、陆菁和刘毅群（2016）从不同视角研究了技术进步偏向性对要素收入份额的影响。陈晓玲和连玉君（2012）通过对资本与劳动替代弹性和偏向性技术进步的研究，发现资本—劳动替代弹性的提高能够推动经济增长，表明我国的区域经济发展支持德拉格兰德维尔假说①。

2.2.2　要素价格上涨对制造业竞争力的影响研究

通过整理要素价格扭曲的文献可知，虽然要素价格扭曲对中国经济增长的助推作用显著，但不可否认也带来了资源配置效率损失等问题，纠正要素价格扭曲，使要素价格能够反映要素真实需求，是市场机制改革的重要内容，但这势必会导致原来被负向扭曲的要素价格呈现上涨趋势，侵蚀制造业一直仰赖的低要素成本优势，将对国际竞争力产生怎样的影响，需要进一步的研究。

生产要素价格上涨方面的外文文献主要集中在劳动力成本上涨的研究领域，将劳动力成本和劳动生产率结合起来，考察劳动成本对经济增长的影响。对于工资和生产效率的关系，国外较多学者都进行了理论和实证研究。克鲁格和萨默斯（1988）借助不同行业但同等技能的工人工资对经典工资理论进行了实证检验，结果发现行业工资差距非常明显，并对劳动生产率产生了重要影响。康宁斯和沃尔什（1994）利用英国公司层面的面板数据，模拟了由于劳动力市场和产品市场的不完善而产生的垂直溢出效应。验证了由于下游工资溢出和工会活动的存在、使工资对生产效率的提高起到一定促进作用。马凯蒂（2004）利用协

21

---

① 德拉格兰德维尔假说认为，资本—劳动替代弹性的提高能够推动经济增长，最早由德拉格兰德维尔（1989）提出。

整检验和格兰杰非因果检验方法，对 1869～1999 年美国的实际工资与劳动生产率的长期关系进行了研究，实证结果证实两者之间存在相关关系，但只是工资对劳动生产率的单向因果关系。说明实际工资的增加使追求利润的企业家更趋向于提高劳动生产率来维持盈利能力，这与一直以来技术变革偏向于节省劳动力的现实相一致。梅伊（2011）利用比利时雇员工资的面板数据进行实证分析以检验工资差异与企业生产率之间的关系，结果显示公司内部的工资差异与劳动生产率正相关。

近年来，生产要素的价格上涨幅度较大，对中国制造业生产成本形成很大的压力，很多学者认为这是对中国制造业一直以来的低成本优势的侵蚀，担忧生产要素价格上涨是否会弱化我国制造业的比较优势和竞争优势，因此，针对生产要素价格上涨展开了一系列的研究。叶振宇和叶素云（2010）从要素价格上涨是否会引起中国制造业技术效率提高的疑问出发，使用 DEA 方法对中国制造业技术效率进行了测算，并针对生产要素价格上涨对制造业技术效率的影响进行了实证分析，发现要素价格上涨对中国制造业技术效率有显著的正向效应。陈晓华和刘慧（2011）运用省级动态面板数据，从国家和地区两个层面就劳动力、资本和原材料等要素价格上涨对制造业出口技术结构的影响进行了实证检验。许召元和胡翠（2014）分析了成本上升的产业竞争力效应，基于投入产出模型定量分析了原材料和工资成本上升对综合成本进而对制造业国际竞争力的影响。程承坪等（2012）单独就工资增长对中国制造业国际竞争力的影响进行了研究，发现工资增长正向影响中国制造业的国际竞争力。

2.3　环境规制及其对国际竞争力影响研究的相关进展

2.3.1　环境规制的测度

近年来，环境和生态问题成为全球经济快速可持续发展的重要挑战，健全环境规制体制，以减少污染物排放、加强工业污染防治迫在眉睫。有鉴于此，环境规制业已成为经济学领域的研究热点，国内外学者以不同的切入点研究实施环境规制对一国经济发展的影响，尤其是其对一国国际竞争力的影响，涌现出了大量文献。环境规制是指为了解决环境污染的外部性问题，政府为调节污染物生产者的相关经济活动而制定的一系列政策总和。环境规制的含义中并没有给出明确的衡量标准，因此如何测度环境规制尚存争议。已有文献主要从以下几个方面展开环境规制的测度研究：罗和耶茨（1992）使用与环境规制相关政策的多少表示环境规制，莱文森（1996）以某种污染物的排放量作为环境规制的代理变量，科尔和埃利奥特（2003）在测度环境规制时以不同污染物的排放密度表示。随着对环境问题研究的逐渐深入，环境污染与经济发展的关系被广泛关注，环境库兹涅茨曲线也由此产生，马尼和惠勒（1998）就用人均收入水平作为环境规制的代理变量进行研究。近年来也有很多学者在研究中借助污染治理投资总额或废水废气年度运行费用与工业产值的比值来测度环境规制。

　　不仅国外学者在此领域有丰硕的研究成果，国内学者也对环境规制水平和强度展开了大量研究，环境规制的代理变量主要可区分为投入型指标和污染物排放量指标。投入型指标主要包括污染治理投资额和治污运营成本两大类。杨涛（2003a）通过假设环境规制程度越严格、污染治理投资完成额越大，选用工业污染治理项目完成额衡量各地区的环境规制强度，认为该指标反映了管理层对环境治理的决心和实际执行环境规制的严格程度。应瑞瑶和周力（2006）运用废水、废气和固体废弃物的治理投资额和综合污染治理项目本年完成投资额之和，作为环境规制的替代指标进行研究。另一种常用的投入型指标是治污运营成本，这一指标常用于产业层面的环境规制分析。董敏杰等（2011）详细探讨了中国的环境规制成本问题，区分污染治理已支付成本和未支付成本并分别进行测算，并将污染治理投资额、设备运行当年费用以及缴纳的排污费三者之和形成的污染治理支付成本作为环境规制强度的代理变量。赵红（2008）、张成等（2010）、张三峰和卜茂亮（2011）也采取类似的方法衡量环境规制水平。另外，国内实证研究中越来越多的学者采用污染物排放量作为环境规制的代理变量。如杨涛（2003b）、尹显萍（2008）等在进行国别比较时，将两国的二氧化碳（CO_2）或二氧化硫（SO_2）排放量相除作为反映两国环境规制强度的指标。傅京燕和李丽莎（2010）构建了一个由多层级指标体系组成的污染物达标排放率综合指数衡量我国的环境规制强度。张崇辉等（2013）通过构建双向可比的动态指数，测度了我国 2003～2010 年的环境规制水平，并将几类主要的环境规制替代变量进行了比较，发现命令型环境规制政策的执行效率与经济发展水平密切相关。当然除了这些直接与环境相关的指标外，有些学者也根据研究需要以及对环境规制的不同理解，采用了一些间接指标来衡量环境规制强度，如傅京燕和周浩（2011）、陆旸（2009）以人均收入作为环境规制水平的代理变量衡量不同地区的环境规制水平差异。

通过对上述文献的分析可知，虽然对环境规制水平或强度的测度方法并不统一，但是学者们对此进行了诸多有益尝试，也基本能够较为真实地反映当前环境规制水平，而这恰是研究环境规制对一国经济影响的重要前提。在此基础上，学者们对环境规制的影响进行了更为深入的探讨。环境规制对产业国际竞争力的影响是多方面、多渠道的，本书主要从环境规制对技术创新和国际贸易产生的经济效应，以及环境规制对技能溢价产生的社会效应等方面，展开环境规制对中国制造业国际竞争力影响的文献综述。

2.3.2 环境规制与技术创新

随着对环境规制的认识和研究逐步深入，其与制造业国际竞争力的关系也成为学术界探讨的热点问题。国外学者的研究主要可分为两类，即环境规制与技术创新、环境规制与国际贸易的关系。环境规制与技术创新的关系研究最后一般会落脚到全要素生产率上，但就两者之间关系的研究结论并不统一。巴贝拉和麦康奈尔（1990）比较了环境规制的直接负面效应和间接影响带来的正面效应，并利用美国制造业相关数据进行检验，发现环境规制总体上不利于提高企业生产效率，这与许多国外学者的研究观点是一致的，例如，格雷（1987）、克里斯琴森和哈夫曼（1981）、格雷和沙德贝吉（1995）、波特（1991）、波特和林德（1995）等研究发现，在合理的环境规制政策下，环境规制将带来创新补偿效应、有利于生产效率的提升，也就是著名的"波特假说"。自"波特假说"提出后，很多学者进行验证，并得出环境规制与企业生产效率可以实现双赢的结论，例如，伯曼和裴（2001）、阿尔派等（2002）、穆尔蒂和库马尔（2003）、浜本（2006）、阿姆贝克等（2013）。不过，拉诺伊等（2001）、鲁巴什基纳等（2015）研究发现，环境规制对企业研发活动虽有积极影响，但与企业全要素生产率的关系并不显著，强化环境规制并不能提高制造业国际竞争力；博伊德和麦克莱兰（1999）、特斯塔等（2011）学者通过对部分欧洲国家重度污染行业的微观企业数据进行计量检验发现，环境规制在短期内不利于改善企业经营绩效，长期中有一定的积极影响。另外，环境规制问题的提出，通过将"坏产出"纳入对 TFP 的测算，对测算全要素生产率的相关研究也起到了推动作用。

国内学者对环境规制与生产率的关系也进行了大量研究。陈诗一（2010）分析发现，实行节能减排，在短期内会对制造业行业的技术进步产生不利影响，但长期来看，节能减排能够实现环境保护和提升生产效率的双赢。王兵等（2010）运用中国省际面板数据对环境效率和全要素生产率的关系及其影响因素进行了实证研究，结果发现，能源通过二氧化硫等污染物的排放降低了环境效率，但环境效率与全要素生产率的变化方向是一致的。涂正革（2008）综合考虑资源、环境和工业增长的关系，根据我国 30 个省（区市）的要素资源投入、工业产出和污染排放数据，测度了环境技术效率，用以研究几者之间的协调性。黄德春和刘志彪（2006）将技术创新引入罗伯特模型，研究表明环境规制对创新有一定激励作用，能抵消部分或全部遵循成本。张三峰和卜茂亮（2011）借助企业微观层面数据研究了环境规制对企业生产率的影响，结果表明两者确实存在稳定的显著正向关系，环保投入和生产率之间能够实现"双赢"，中国企业能够承受更高的环境标准。王杰和刘斌（2014）将环境规制和 TFP 纳入统一的理论模型进行分析，并借助中国工业企业数据进行实证检验，分析结果表明环境规制与企业 TFP 之间的变化趋势并不是一成不变的，而是呈倒 N 形关系。

2.3.3　环境规制与国际贸易

研究环境规制对国际贸易影响的开创性研究首属托比（1990），其采用扩展的 HOV 模型框架，在原来的 11 个资源禀赋变量基础上，加入环境规制的量化指标，用以检验环境规制对污染工业品贸易的影响，研究发现两者之间关系并不显著。科尔和埃利奥特（2003）研究污染密集型产品的贸易流向时发现，受环境规制影响较大的一些行业恰好是对资本或资源禀赋要求较高的行业，因此环境规制相比于要素禀赋的影响而言还是较弱，很难显著改变污染密集型产品的贸易流向，这也体现了"污染避难所"假说与要素禀赋理论的矛盾之处。巴斯（2004）将标准化的人均收入水平作为环境规制的衡量指标，在 WTO 框架下讨论了环境规制对贸易的影响，发现除钢铁行业净出口与环境规制显著负相关外，其他高污染行业并未表现出"污染避难所"效应。

近年来，国内也对环境规制展开了大量研究。傅京燕（2002）用国际市场占有率来衡量产业国际竞争力，并从环境成本内部化、成本和产品差异化两方面分析环境规制对产业国际竞争力的影响。陆旸（2009）以 95 个国家为总样本和 42 个国家为子样本，实证分析了环境规制是否显著改变污染密集型商品的比较优势，即对"污染避难所效应"进行验证。结果表明总体上看，环境规制对污染密集型商品的比较优势影响不明显，没有导致污染密集型行业的转移，相反还提升了部分行业的竞争优势、如化工与钢铁等行业，因此政府降低环境规制以提升污染密集型产品比较优势的做法是不恰当的。李钢等（2010）、董敏杰等（2011）、张三峰和卜茂亮（2011）等学者通过研究中国案例发现，环境规制趋紧对产业国际竞争力具有积极作用。宋文飞等（2014）在研发创新双门槛条件下对环境规制与贸易自由化关系的实证分析表明，两者存在倒 U 形关系，且大多行业环境规制创新补偿效应不明显，不利于提升贸易自由化水平。赵细康（2003）、傅京燕（2010）、李斌等（2013）、李玲和陶峰（2012）、余东华和胡亚男（2016）等实证研究显示，环境规制与制造业国际竞争力之间的关系是不确定的。由此可见，由于在样本选择、模型设定、研究方法等方面的差异，针对该问题的研究结论不具有稳健性，并未形成一致的观点。

2.3.4 环境规制与技能溢价

环境规制的影响表现在多个方面，除环境规制的经济效应和生态效应外，环境规制的社会效应也引发各国学者的诸多关注，尤其是在就业效应方面的研究逐渐增多。环境规制实施初期，人们担心环境规制会增加生产成本、削弱企业的竞争优势和生产规模，并减少企业吸纳工人的数量，对环境规制的直觉是会产生潜在的就业负效应。摩根施特恩等（2002）指出，在 1990 年的民意调查中，1/3 的被调查者反映他们的工作受到了环境规制的威胁。近期的很多经验研究发现，现实并没有如此糟糕，人们往往忽略了环境保护带来的新增就业机会。马克斯（2010）研究发现，一方面，环境规制引起的成本增加导致就业减少；另一方面，环境规制能够推动环保技术研发、环保行业快速发展，二者相互抵消，最终环境规制的就业效应为正值。贝兹德克等（2008）通过实证分析发现，环境保护、经济增长和就业创造之间能够相互融合，环境保护投资具有增加和减少就业的双重效应，但净效应为正，环保产业将变成一个重要的新增就业来源；而且，制造业和信息服务产业等与环境规制联系更加密切，成为开展环境保护的主要依托平台，因此环境保护带来的就业效应还具有非均衡性。海耶斯（2009）认为，环境规制对企业的影响程度还决定于企业本身的规模，因此对大企业和小企业的就业影响也存在差异。

国内学术界关注环境规制与就业关系的研究相对较少。陆旸（2011）运用 VAR 模型预测了若开征碳税、降低个人所得税，能否实现绿色政策和增加就业的"双重红利"。模拟结果显示，若征收 10 元/吨的碳税，对产出和就业影响并不显著，没有出现预期的"双重红利"。陈媛媛（2011）将劳动对污染品的相对价格作为环境规制的交叉弹性进行了理论分析，并以中国的行业面板数据进行检验，发现交叉价格弹性为正，劳动与污染品总体上表现为替代品，加强环境规制会增加就业，且在污染密集型的重化工行业表现得更加显著。王勇等（2013）在摩根施特恩等（2002）理论框架的基础上，引入行业特征参数，运用中国行业面板数据就环境规制和就业之间的关系进行了检验。结果表明，环境规制存在"门槛值"且与就业呈现 U 形关系，但随着劳动力成本的上升，环境规制的就业提升作用减弱。赵连阁等（2014）通过构建地区劳动力供求模型，分析了工业污染治理投资对劳动力就业效应的影响。实证结果表明，工业污染治理投资能提升就业水平，且工业污染事前治理比事后治理对就业效应的促进作用更为明显。李珊珊（2015）运用省级动态面板数据，从收入水平和受教育程度差异两方面研究了环境规制对就业的影响，结果发现加强环境规制与提升就业之间并不冲突。施美程和王勇（2016）运用倍差非线性计量模型进行实证检验，发现环境规制的地区差异使污染密集型行业的就业逐渐转移至环境规制较为宽松的地区。

就业是关系社会民生的重要方面，现有文献表明环境规制会对就业产生显著影响，但这些研究不够细化且缺乏对环境规制就业效应的理论探讨。实际上，若将劳动区分为技能劳动与非技能劳动，那么环境规制对就业的影响应该体现出一定的异质性特征，并最终反映到技能溢价上。技能溢价可理解为高技能劳动者的工资相对更高，以技能劳动与非技能劳动的平均工资之比表示。技能溢价的产生原因一直是学术界争论的热点问题之一，但鲜有研究将环境规制与技能溢价联系起来，更多的是探讨产生技能溢价的主要原因究竟是国际贸易还是技术进步，以及通过什么传导机制扩大工资差距。拜尔（1999）研究发现，对外贸易不仅能使发达国家的熟练劳动力相对工资增加，也会让一些熟练劳动力相对稀缺的发展中国家表现出技能溢价。里默和托恩贝里（2000）利用美国20世纪80年代4位数行业数据中的产品价格、全要素生产率和最初的要素比例，计算了要素价格变化中由贸易模式引起的部分，发现40%的非熟练劳动力工资下降是由国际贸易引起的。相反，另外一些学者则持不同的观点，他们认为国际贸易对技能溢价的影响较小，技术进步的影响却非常明显。基利（1999）认为技术的技能偏向性引致技能溢价，技术创新与技能劳动力的互补性更强，所以高新技术的采用进一步增加了对技能劳动的需求，形成新的技能溢价。阿西莫格鲁（2002）也发现了技术进步偏向性会使熟练劳动和非熟练劳动工资出现两极分化。

国内学者也就技术进步偏向性与技能—非技能工资差异展开了研究。陈波和贺超群（2013）拓展"新新贸易理论"，引入两阶段生产模式并将劳动力分为技术和非技术劳动力代入模型中，研究中国出口贸易是否导致技术和非技术工人之间的技能溢价扩大。结果显示，出口密集度增加1%，将引起技能溢价扩大约0.3%。宋冬林等（2010）运用时间序列宏观数据检验了技能偏向型技术进步在中国的存在性，结果表明技术进步导致劳动力需求结构变化，形成技能溢价；在进一步区分中性、非中性和资本体现式技术进步后进行实证检验，发现三类技术进步均对技能溢价产生影响。董直庆等（2013）研究了中国资本和劳动、技能和非技能劳动的替代弹性，结果表明技术进步的技能偏向性效应明显，且实证结果验证了中国技能溢价现象主要源于技术进步偏向性的推论。戴翔等（2016）着重分析了劳动力数量、技能水平以及技能配置效率对产业转移和转型的影响。结果显示，人口红利的减少、劳动力技能提升、技能配置效率提高都有利于低技术产业向中高端转型，但对产业转移的影响却不尽相同。

2.4　文 献 评 述

通过上述对制造业国际竞争力、生产要素价格以及环境规制相关文献的梳理回顾，发现国内外学者对上述三个领域均进行了有益的探讨，也取得了丰硕的成果，但在有些领域却较少涉及，而这些较少或还未涉及的内容恰是本书的切入点。

第一，产业国际竞争力方面，国内外学者就某些方面达成了一定共识，如波特提出的分析竞争力的"钻石模型"，虽然仍存在一定局限性，但是它对竞争力的诠释还是得到了多数学者的认可；而在其他一些方面，如产业国际竞争力究竟如何评价是比较合理的，影响产业国际竞争力的因素究竟有哪些，在这些方面的研究并没有取得一致结论。尤其是近年来，生产要素价格上涨与环境规制趋紧双重约束下，明确中国制造业国际竞争力位于一个什么样的水平、又是如何变化的，是当前探讨制造业转型升级、提质增效的重要前提。

本书在以往研究的基础上，通过分析性指标和显示性指标来综合反映中国制造业国际竞争力。分析性指标反映的是何种因素使行业在市场上表现出当前竞争力水平、未来提高竞争力的潜力在哪或者竞争力存在不足的原因是什么。基于对分析性指标的界定，并考虑到当前中国制造业转型升级面临的主要瓶颈，本书构建了包括生产要素、环境规制、制度和技术创新四个重要因素的 FRIT 框架体系，用以评价近些年来中国制造业国际竞争力水平及其演变情况，以期能够对制造业国际竞争力水平形成直观的认识，并为进一步研究其相关影响因素及政策制定提供有益帮助。显示性指标说明国际竞争力的结果，本书选取应用较为广泛的 RCA 指数作为制造业国际竞争力的显示性指标，并分别研究要素价格和环境规制两个重要因素对制造业国际竞争力的影响及作用机制，以丰富制造业国际竞争力的研究内容。

第二，改革开放以来，我国的经济发展取得举世瞩目的骄人成就，这与我国市场经济体制改革是分不开的，主要表现为产品市场的改革，但是要素市场的改革却很缓慢，造成了要素价格的负向扭曲，而这也是我国制造业长期仰赖的低要素成本比较优势的重要成因。在经济发展初期，要素价格扭曲降低要素成本，是制造业国际竞争力的重要来源，但不可否认，长期的要素价格扭曲，已严重影响要素的优化配置，导致配置效率损失严重，纠正要素价格扭曲势在必行，因此要素价格扭曲成为当前经济学研究的一个重点。通过对上述文献的分析发现，当前对要素价格扭曲的研究多数集中于要素价格扭曲程度的测算，以及要素价格扭曲造成的要素配置效率损失程度，而受要素价格影响的另一重要问题——技术进步偏向，现有研究却很少关注两者之间的重要联系。

由于发达国家资本要素相对充裕，所以技术进步偏向资本。大量研究表明中国的技术进步也是偏向资本的，但就为什么中国技术进步偏向与要素禀赋结构相背离这一事实进行的研究却相对较少，国内学者往往仅将此归结为中国从发达国家引进技术，导致技术进步偏向明显具有发达国家的痕迹，而对要素价格扭曲在解释这一现象中所起的作用重视不足。因此本书在既有研究的基础上，将要素价格扭曲产生的"扭曲税"纳入技术进步偏向的理论模型，并借助 CES 标准化生产函数进行参数估计。在这样一个统一的理论框架下，既能测算行业要素价格扭曲水平，又可以进一步分析要素价格扭曲对技术进步偏向的影响。此外，我们还将研究进一步推向深入，关注要素价格扭曲与技术进步偏向对制造业国际竞争力的传导机制。

第三，针对环境规制的测度及其影响，各国学者从不同视角进行了诸多研究，如环境规制对全要素生产率的影响、对国际贸易尤其是污染密集型产品贸易流向的影响等。但对这些细分领域的理论探讨与实证分析仍未形成共识，特别是由于环境规制传导渠道的复杂性，造成关于环境规制与产业国际竞争力关系的研究结论迥异，如一些研究发现二者呈倒 U 形关系，另一些文献则认为环境规制的加强对国际竞争力表现出倒 N 形影响。因此，有必要就环境规制与中国制造业国际竞争力的关系做进一步的讨论。通过对前文环境规制相关文献的分析发现，虽然已有与此相关的大量研究，但是少有文献对环境规制的影响区分为经济效应和社会效应进行分析，本书以此为切入点，区分环境规制的经济效应和社会效应，分别研究其对中国制造业国际竞争力的影响。首先是环境规制对制造业竞争力的经济效应，本书选取两者之间有重要纽带作用的技术创新和资本深化两个变量，并且考虑制造业国际竞争力对技术创新和资本深化可能存在重要的反向作用，为更准确地估计几者之间的相互影响，本书基于环境规制视角，构建了技术创新、资本深化和制造业国际竞争力组成的联立方程组模型，研究环境规制对制造业国际竞争力的经济效应。

另外，通过梳理已有文献可以发现，环境规制社会效应的研究主要集中在对就业数量和就业机会的影响方面，从分地区、分行业到异质性劳动就业均有涉及，但鲜有文献关注环境规制对就业结构的影响，着眼于环境规制对技能溢价影响的研究更是稀缺。技能溢价方面的国内外文献，则着重于通过理论和实证研究探讨技术进步偏向性和国际贸易对技能溢价的影响机制，以及何者对技能溢价的影响占主导地位。这些既有研究给作者以启发，即环境规制不仅影响就业数量和就业机会，而且直接影响到技能溢价，进而可能改变就业结构。将环境规制对就业的影响与技术进步偏向性结合起来，通过构造技术进步偏向函数，将环境规制纳入技能溢价的影响因素中，可以深入分析环境规制对技能溢价的影响。以此为基础，在分析环境规制对制造业国际竞争力直接影响的同时，作为一个新视角，将技能溢价作为中介变量，分析环境规制对制造业国际竞争力的间接影响，将使环境规制与制造业国际竞争力关系的研究更加精确和全面。

第 3 章 基于 FRIT 框架的制造业国际竞争力评价研究

3.1 引 言

2008 年席卷全球的金融危机使各国政府普遍意识到，过度依赖金融及服务业的经济增长模式不可持续。在此背景下，以美国为代表的发达经济体纷纷推行"再工业化"等战略以推动实体经济复苏、重塑制造业竞争新优势，加速布局新一轮全球贸易投资格局。一些发展中国家也积极参与全球产业再分工，承接产业及资本转移，拓展国际市场空间。这使我国制造业面临发达国家和其他发展中国家的"双向挤压"，外部形势严峻。与此同时，内部形势也不容乐观。随着我国经济发展步入"新常态"，经济增速持续放缓，制造业发展也面临生产成本上升、环境压力加大等多重阻碍。

一方面，我国制造业所具有的劳动力成本低廉等生产成本优势逐渐减弱，甚至消失。2014 年美国 BCG 集团在其《全球制造业的经济大挪移》研究报告中比较了 25 个最大出口经济体的制造业成本，中国的制造业成本指数仅略低于一些发达国家或地区，远高于其他发展中国家或地区。另一方面，环境规制强度逐渐加大，中国制造业将身背"环境破坏惩罚"这一高昂成本，发展面临更大约束。以碳排放为例，早在 2009 年，时任总理温家宝主持召开的国务院常务会议，在会议中，中方第一次以约束性指标的方式宣布了中国的碳减排目标：到 2020 年，中国单位 GDP 二氧化碳排放将比 2005 年下降 40% ~ 45%。2016 年签署的《巴黎协定》则进一步涵盖碳排放绝对量目标，即我国政府承诺二氧化碳排放峰值最晚于 2030 年实现。制造业作为碳排放的主要行业，碳强度与碳排放峰值的双约束目标将对其转型发展造成严峻考验。此外，经济增长"三驾马车"中的投资和出口增速明显放缓，依赖资源投入、规模扩张的粗放型发展模式难以为继。培育经济增长新动力，塑造国际竞争新优势，既是制造业未来发展的要求，也是制造业发展的战略指引。

在国民经济发展过程中，制造业始终是最重要的物质基础和产业主体，也是国家竞争力的重要体现。近年来由于要素价格快速上涨、环境约束加强，使改革开放以来推动我国制造业扩张的成本优势逐渐消失。如何进一步挖掘潜在增长动能、提升制造业国际竞争优势，是实现中国制造业转型升级必须解决的首要问题。在要素价格上涨和环境规制趋紧的双重压力下，制造业既要作为杠杆拉动经济增长，又要实现节能减排降耗，发展形势不可谓不严峻。那么，中国制造业是否仍具有竞争力，其竞争力如何变化，现又处于何种水平？为回答这三个问题，本章将从要素价格（factor price）、环境规制（regulation of environment）、制度因素（institutional factor）、技术创新（technological innovation）等四个方面构建较为全面系统的指标评价体系，即 FRIT 框架体系，用以评价当前中国制造业的实际竞争力。

本章结构安排如下：第二部分构建 FRIT 框架；第三部分阐述 FRIT 框架的理论基础；第四部分在 FRIT 框架基础上设计中国制造业竞争力的评价指标体系；第五部分基于熵值法测算总体、分行业、分地区的制造业竞争力水平；第六部分为本章主要结论。

3.2　FRIT 框架的构建

本章主要围绕中国制造业国际竞争力的评价展开研究。影响制造业国际竞争力的因素是多方面的，其中要素价格扭曲导致的低要素成本是传统比较优势的重要来源，但以要素投入为主的粗放型经济增长方式也导致了严重的环境污染，加强环境规制的社会诉求空前强烈。环境规制的加强，直接结果是降低环境污染，另外也能倒逼清洁生产要素价格的上涨，从而起到纠正要素价格扭曲、去资源错配的作用。要素价格扭曲与环境规制是当前中国制造业国际竞争力提升面临的主要瓶颈，因此本章主要在要素价格扭曲和环境规制趋紧双重约束下展开对制造业国际竞争力的评价研究，图3-1阐释了双重约束分别对制造业国际竞争力的影响，以及两者之间相互联系互为因果的作用机制，构成了FRIT框架的基本结构。

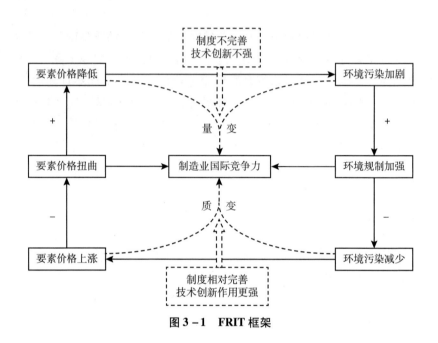

图3-1　FRIT框架

图3-1上半部分主要表示我国在经济发展之初，更多地追求经济增长速度，表现为低成本、高能耗、高排放、低效率的粗放型外延式发展，制造业国际竞争力也主要变现为"量"的增加。由于一直以来的特殊国情，要素价格扭曲现象持续存在，要素成本较低，成就了中国制造业发展的低成本优势，出口发展迅速，并一度成为中国经济发展三驾马车中的主力，另外，廉价的劳动力成本和相对宽松的制度环境也吸引了大量外商直接投资。出口导向型发展战略和大力度引进外资成为中国经济发展的重要引擎。因此要素价格扭曲引致的低要素成本优势对中国制造业乃至整个经济发展都产生了巨大推动作用。

但同时我们也应清醒地认识到，在促进经济发展的同时，要素价格扭曲也产生了诸多弊端。首先，价格扭曲是一种非正常状态，使市场信息错位，不能准确反映供求关系与市场经济效应，导致企业做出错误判断，在不了解有效需求的情况下过多生产商品，形成过剩产能，造成严重的资源浪费。韩国高和胡文明（2017）运用省际面板数据实证研究了要素价格扭曲对中国工业产能过剩的影响，结果表明要素价格扭曲通过创新、投资、需求和产业结构等途径对产能利用效率有显著的抑制作用，不同生产要素的价格扭曲对产能过剩的影响也不尽一致，其中劳动价格扭曲是中国工业产能过剩的最主要原因之一。

生产要素价格扭曲还通过工业生产严重影响环境质量。生产要素价格低廉，厂商生产成本较低，在经济利益驱使下，厂商会过量使用能源等生产要素、粗放式地扩大生产，污染废弃物将随之大量增加。更为重要的是，低廉的要素价格使生产者一直有利可图，没有动力进行生产技术革新，阻碍了工业技术换代升级，生产技术落后的直接后果就是降低了资源利用效率，单位产品能耗严重高于资源利用率较高的国家。林伯强和杜克锐（2013）研究发现，若消除要素市场扭曲，中国工业将减少 1.45 亿吨标准煤的能源浪费，同时提升 10% 的能源利用效率[①]。而一些研究也证实，近年来中国二氧化碳等污染物排放大量增加的一个关键因素就是能源低效率或无效率利用。冷艳丽和杜思正（2016）运用中国省际面板数据实证分析了能源价格扭曲对雾霾污染的影响，结果表明能源价格扭曲显著加剧了雾霾污染，且不同地区差异性较大，对东部地区雾霾的影响要显著大于中西部地区。此外能源价格扭曲，则相对增加了使用清洁能源的成本，企业不愿花费更多成本进行转型升级，清洁技术推广受阻，如此恶性循环，致使环境污染治理和生态恢复难度加大。

通过上述分析可知，要素价格扭曲通过增加资源投入、降低能源利用效率和抑制造业转型升级等途径增加了环境污染。环境库兹涅茨曲线理论认为，环境污染与经济增长之间存在倒 U 形关系。在经济起步阶段，经济发展与环境保护"鱼和熊掌"不可兼得，必须在利弊权衡中作出取舍。为实现经济快速发展，采用相对宽松的环境规制标准，更容易吸引资本、劳动等要素流入，实现国内生产总值（GDP）的快速增长，公众获得更多的就业机会，消费水平提高，但同时粗放型发展也造

① 林伯强，杜克锐. 要素市场扭曲对能源效率的影响 [J]. 经济研究，2013（9）：125 – 136.

成了大量污染废弃物的排放。而当经济发展达到一定阶段，环境污染出现拐点、趋于下降，环境问题会逐渐改善，但这种转折并非自发形成的，而是与经济增长质量的提升、个人消费能力的改善和环保意识的增强密不可分。

环境污染水平下行的转折点何时到来，关键取决于环境规制政策的强度及其在污染与发展之间的影响机制。如果没有完善的环境规制政策，当环境污染积累的负外部性影响足够大时，将严重影响经济增长速度，甚至导致经济停滞。同时，环境污染更为严重的问题还在于使公众健康受损，例如中国近年来出现的大面积雾霾，导致发病率提升、医疗支出大幅增加，这时相对于继续增加收入水平、人们更倾向于选择环境质量的改善和提升。在此过程中，公众对改善环境质量的意愿表达迫使政府逐渐重视环境污染，并制定严苛的环境规制政策进行污染治理。马本等（2017）发现，环境质量具有奢侈品属性、其收入弹性大于1，随着收入的提高，居民对更好环境质量需求的增长快于其收入增长。这也解释了为什么高收入地区的环境质量与公众需求之间的矛盾更为突出。

要素价格扭曲致使环境污染加重，后者又因危害公众健康，引发更严苛的环境规制，而环境规制却有反向倒逼、纠正要素价格扭曲和"去"资源错配的作用。2006年中国开始实行将主要污染物减排目标完成情况与地方政府官员政绩相挂钩的激励政策，首次实行污染"行政首长负责制"，韩超等（2017）通过对中国首次约束性污染控制进行研究，分析了环境规制趋紧对资源再配置的影响，研究结果表明环境规制趋紧具有明显的"加规制、去污染、去错配"作用。

第一，加强环境规制能有效降低污染物的排放。一方面，通过外部成本内部化，增加污染企业的排放成本，迫使企业减少污染物的排放；另一方面，通过倒逼作用促使企业研发治污技术和清洁生产技术，对污染治理效果显著。第二，加强环境规制还能显著降低污染行业的资源错配水平，并促使行业内要素更多流向生产率高的企业，整体提升污染行业 TFP 水平。同时加强环境规制有助于缓解因补贴政策扭曲导致的资源错配问题。对于制造业企业而言，当环境规制强度较低时，遵循成本较低，污染行业没有动力调整环境技术，而是选择增加生产要素投入、挤占环境技术研发投入；当环境规制趋紧、污染税负提升，污染密集行业单纯依靠提高要素投入而增加的经济产出难以抵消环境规制成本，与环境技术研发投入补贴激励效应形成鲜明对比，理性的企业经营者将选择提升环境技术水平、减少污染排放，规避环境规制成本上升的同时，实现创新补偿效应。而在此过程中，生产效率更高、倾向于使用清洁技术的行业企业更能经受住环境规制的洗礼，因此环境规制能提高污染行业内高生产效率企业的市场份额，淘汰效率低下的企业，起到优化资源配置的作用。此外，即使生产效率高的企业，面临严苛的环境规制时，也需使用清洁技术和符合绿色标准的生产要素，通过绿色生产的倒逼作用使清洁生产要素价格上涨，价格机制能够更好地反映市场需求状况，进而降低生产要素价格扭曲。如此形成的制造业国际竞争力具有"质"的提升。

另外，从图 3 - 1 中我们还可以看出，要素价格扭曲、环境污染严重与我国制度质量不高和技术创新能力差的现实情况密切相关，使我国制造业国际竞争力有"量"的优势，却没有"质"的底气。而随着经济的发展，相关政策措施越来越完善，制度不再是制造业发展的绊脚石，而且为制造业转型升级提供了有力的制度保障；技术创新也为制造业的发展尤其是智能制造披荆斩棘，为培育出新的经济增长点不断贡献力量。因此我们将制度因素和技术创新同样作为影响制造业国际竞争力的主要因素纳入评价指标体系，构建 FRIT 框架，用以分析评价中国制造业国际竞争力水平及变化情况，并对这些包含传统比较优势和新兴发展动能的指标在制造业发展过程中所起的作用有一个明确的认识，为选定未来发展方向做好基础研究。

3.3　FRIT 框架的理论基础

3.3.1　要素价格

过去 30 多年里，中国制造业凭借低廉的要素成本嵌入全球生产分工体系，专注于劳动密集型、低技术附加值的生产加工、制造和组装环节，实现了贸易量的迅速扩大和制造业高速成长。然而这种"微笑曲线"型的发展模式，却不能让我国制造业笑到最后，它打破了国内装备业得以生存和发展的关联产业纽带，抑制了高端装备制造业的发展，导致产业结构升级缓慢；加之中国劳动密集、资本密集型产业一直以来都存在要素价格相对扭曲，资本相对劳动越来越便宜，各类产业技术进步偏向资本（郑振雄，2013）。资本偏向型的技术进步使资本深化进程加快，特别是劳动密集型产业的资本深化速度甚至超过了资本密集型产业，因而经济发展带来的资本存量增加，被劳动密集型产业快速吸收，从而劳动密集型产业没有自然衰退。扭曲的要素价格阻碍了市场机制下优胜劣汰法则的传导，使制造业国际竞争力处于徘徊状态，不能实现质的飞跃。

近年来伴随要素市场改革的酝酿与推进，叠加企业生产的要素需求急剧膨胀，各类要素价格均有不同程度上升，我国制造业的原有比较优势正在逐步丧失。据波士顿咨询公司的报告显示，中国制造业相对美国的成本优势由 2004 年的 14% 下降到 2014 年的 4%，这一差距已微乎其微[1]。生产要素价格上涨无疑使我国制造业发展陷入困境，在成本上涨压力下利润迅速减少、研发动力不足，企业在市场竞争中难以立足，直接后果就是不利于制造业国际竞争力的提升。但低要素成本是制造业最直观最重要的优势，要素价格上涨触动根基、影响剧烈，很可能成为制造业打破原有比较优势、实现"创造性毁灭"的导火索，企业在成本压力倒逼下增加研发投入。无法进行技术升级的企业将大量倒闭，以低价竞争的劣质产品被迫退出市场，资源重新分配到生产效率更高的企业或产业，这将使宏观层面的制造业竞争力得以提高。

3.3.2 环境规制

在我国改革开放 40 年来的工业化和城市化进程中，虽然实现了GDP 年均增长率近 10% 的巨大成就，但也为高投资、高能耗和高排放的粗放型增长方式付出了惨重代价，其中就包括污染排放不断增加、生态环境急剧恶化。迫于现实压力，我国环境规制强度持续提高。制造业发展实现提质增效的重要内容之一就是绿色理念领航，着重研发环保技术和工艺，加快制造业绿色改造升级，提高资源的高效循环利用，增强

---

① 波士顿咨询：《全球制造业成本竞争力新图谱》，中文互联网数据咨询中心网站，2016 年 11 月 8 日，http://www.199it.com/archives/534185.html。

绿色精益制造能力。《国家十三五规划纲要》进一步提出了能源气候方面更具体的指标要求：单位 GDP 能耗年均累计下降 15%，单位 GDP 二氧化碳排放年均累计下降 18%。

随着政府对工业尤其是制造业的环境规制更加严苛，环境和资源问题日益成为制约我国经济社会可持续发展的瓶颈，"紧箍咒"一般的强制约束给制造业竞争力带来不确定性影响。以新古典学派为代表的主流经济学者一直认为，环境规制将打破原来的成本约束条件、增加治污成本，对企业竞争力产生负向影响。但自 1990 年以来，以波特为代表的很多学者经过研究，形成了不同论断，即"波特假说"。该假说认为，严格的环境规制措施确实会在短期内加重企业的成本负担，包括企业为达到环境标准购买污染处理设备的支出、从事环保新技术研发的投资，以及用于研发环保技术资金的机会成本等，尤其是当同一市场上的竞争对手无须考虑这些约束条件的时候，环境规制对竞争力的削弱作用更明显。但环境问题是世界性的，每个国家在环境恶化、形势严峻时，都会加强环境规制。成功设计的环境规制将激励企业进行技术创新，不仅能够直接带来节能减排、降低污染的效果，更重要的是会形成新的竞争优势，突破原来比较优势的牢笼，提高生产效率、增加企业利润。企业的竞争优势反而因环境规制得到增强。关键是比较在环境规制的刺激下，因生产率提高而降低的成本是否能够抵偿环境规制所增加的支出（李玲、陶锋，2012）。

3.3.3　制度要素

要素分工形式下，全球价值链被片段化地分开，国际大买家和跨国公司纷纷抢占价值链的高端和战略核心环节，而我国本土企业却竞相以代工贴牌方式参与到低技术、低创新的劳动密集型加工组装环节。很多企业不够重视国内市场的开拓和自主品牌的打造，形成我国制造业"两头在外"的加工贸易形式：短暂获益，却错失立足之本。这种现象虽与我国低劳动力成本的要素禀赋优势密不可分，然究其深层次原因，制度因素所包含的制度成本对企业的影响也不容忽视。莱文亨特（2007）研究了制度与发展中国家出口的关系，为理解发展中国家出口扩张的制度层面因素提供了一个崭新视角。特定投入品贸易中的不完全契约与制度因素互动密切，良好的合约实施制度环境可以缓解由于双边锁定问题导致的投资不足难题，从而降低这些产业的制度成本，获取贸易比较优势。制度质量的提高能够促进本国技术密集型产业（契约密集型产业）出口增加，而对于那些制度质量有待提高的发展中国家来说，劳动密集型产业（非契约密集型产业）因为受到制度环境的约束较小，可能具有出口的制度比较优势，因此制度环境是制造业贸易比较优势的一个重要决定因素。

新制度学派认为，有效的制度约束和产权保护有助于刺激私有投资和技术进步。制造业的发展亦是如此，制度越完善，越有利于实现资源的优化配置，使有限的资源发挥最大效应；若制度不完善、存在盲区，就容易出现重复建设、资源浪费等问题，使制造业转型升级受限于制度环境。因此，必须发挥制度优势，破除我国制造业发展的体制机制障碍，解决制约我国制造业转型升级的深层次矛盾，激发市场活力，营造公平竞争市场环境。因此制度是制造业国际竞争力评价的重要一环。

3.3.4　技术创新

制造业正经历一场深刻变革，核心理念就是新一代信息技术与制造技术相融合，这是我国制造业能否摆脱"外困内忧"局面的关键所在。缺乏核心技术是中国制造业市场竞争力的硬伤，现有的市场竞争能力决定了中国制造业在全球价值链的低端地位，同时受制于价值链上其他参与者垂直竞争和横向竞争的双重压力，容易造成市场竞争能力弱和自主创新能力差的恶性循环（陈爱贞，2008）。跳出恶性循环的怪圈，实现价值链的攀升，必须推动技术创新、打造自主品牌。

另外，在资源和环境双重约束瓶颈下，中国制造业也面临着创新促转型的客观需要。阿西莫格鲁（2007）以内生增长模型为基础，分析了追求利润最大化企业进行技术发明时的取向，结果表明价格效应将引导技术创新偏向于相对稀缺的生产要素。因此，制造业生产要素价格上涨会使技术进步更偏向于提高稀缺资源利用效率，或引入可替代的低成本新生资源，从而缓解甚至逆转因生产要素价格上涨而导致的制造业竞争力下降。环境规制是大势所趋，一经启动便具有法律强制力，企业便无法规避，因此为应对环境规制，企业会寻求节能减排降耗方面的技术进步，此时应运而生的技术进步也具有一定偏向性，致力于制造业生产过程优化，大幅度降低能耗、提高资源利用效率。因此技术创新无疑是制造业国际竞争力中的核心一环。

3.4 制造业国际竞争力评价指标体系

结合上述对FRIT理论框架的分析，以及制造业国际竞争力影响因素的特点，根据评价指标简明性原则，本章从要素价格、环境规制、制度和技术创新四个方面构建了包含25个子指标的中国制造业国际竞争力评价体系，如表3-1所示。

表3-1　　　　　　　　制造业竞争力FRIT评价指标体系

主指标	子指标	指标解释	指标单位	指标属性
要素价格指标	资本要素相对扭曲系数		%	正向
	劳动要素相对扭曲系数		%	正向
	生产者出厂价格指数	以2003年为基期	%	负向
	实际工资价格指数	以2003年为基期	%	负向
	生产者购进价格指数	以2003年为基期	%	负向
	固定资产投资价格指数	以2003年为基期	%	负向
环境规制指标	废水排放强度	废水排放总量/行业总产值	亿立方米/亿元	负向
	废气排放强度	废气排放总量/行业总产值	亿吨/亿元	负向
	废水处理效率	本年运行费用/行业总产值	%	正向
	废气处理效率	本年运行费用/行业总产值	%	正向
	单位煤炭消耗占比	煤炭消耗总量/行业总产值	万吨标准煤/亿元	负向
	单位能源消耗占比	能源消耗总量/行业总产值	—	负向
	单位电力消耗占比	电力消耗总量/行业总产值	亿千瓦时/亿元	负向

主指标	子指标	指标解释	指标单位	指标属性
制度指标	金融市场发展情况	行业融资租赁价格	%	负向
	对外开放度	行业进出口总额/行业总产值	%	正向
	技术市场成熟度	技术市场成交额/行业总产值	%	正向
	非国有化率	1—国有化率	%	正向
技术创新指标	R&D 投入强度	R&D 投入总额/行业总产值	%	正向
	R&D 人员投入占比	R&D 人员数/制造业从业人数	%	正向
	专利申请比率	专利申请数量/行业总产值	件/亿元	正向
	新产品产值率	新产品产值/行业总产值	%	正向
	知识产权保护程度	三种专利申请受理量/科技人员数	件/千人	正向

要素价格指标集，包括资本要素价格相对扭曲系数、劳动要素价格相对扭曲系数、工业生产者出厂价格指数、工业生产者购进价格指数、制造业实际工资价格指数和固定资产投资价格指数。只在测算行业竞争力水平时选用资本和劳动要素价格相对扭曲系数指标，测算方法详见第4章。要素价格扭曲降低了生产成本，对制造业国际竞争力直观表现为正向影响。测算地区竞争力水平时选用固定资产投资价格指数，该指标只有分地区的统计数据。其他三个指标同时应用于两个维度的竞争力测算，由于制造业评价逐年进行、相隔时间较短，生产要素价格上涨的倒逼作用还没显现出来，所以进行评价时生产要素价格指数对制造业国际竞争力表现出负向影响。

环境规制指标集，包括单位产值废水排放量、单位产值废气排放量、废水处理效率、废气处理效率、单位产值煤炭消耗量、单位产值能源消耗量、单位产值电力消耗量。单位产值工业废水和废气排放量反映了生产过程中的环境污染强度，与制造业竞争力呈负向关系。废水废气运行费用反映了一个地区治理和利用废水废气的能力，该指标值越高，说明制造业竞争力越强（杨洪焦等，2007）。资源消耗指标反映了制造业的资源消耗程度，该指标值越大，说明该地区的资源消耗强度越大，其可持续发展能力就越弱。

制度方面，经济全球化进程中，一国制造业发展不可能是封闭的，必须融入全球价值链体系，利用两个市场、两种资源，提升制造业的国际竞争力。本章选用外贸依存度作为对外开放程度的制度指标。前文已阐明科技创新对制造业转型升级的重要作用，但新技术不能停留在研发阶段，需要加快转化速度，切实为制造业提质增效服务，而转化需要成熟的技术市场，因此选用技术市场成熟度作为技术类制度指标。分行业的技术市场成交额数据没有进行统计，无法用技术市场成交额与总产值的比值表示技术市场发展程度，本书选用分行业规模以上工业企业的技术获取和技术改造支出之和替代，因为如果该指标越高，技术获取和改造具有可行性而且规模较大，可以间接表明技术市场发展程度较高。另外，金融发展情况对于行业发展影响较大，因此将金融市场发展情况纳入制度指标集，用融资租赁价格代替，这是因为，如果该价格越高，行业融资越困难，可间接说明该行业的金融支持情况欠佳；制度的指标还包括非国有化率，制度变迁的一个重要特征在于产权制度的变更，参考张芊芊（2014）的处理方法，选择非国有化率作为制度变迁的代理变量。

在技术创新能力指标中，从事科技活动人员占制造业从业人数的比重体现了行业的技术创新队伍水平。科技活动经费支出密度（科技活动经费支出占总产值的比重）作为研发投入指标，反映了行业的技术创新经费投入能力。专利申请量越多，表明该行业的技术创新能力越高。新产品产值率体现了该行业的技术产业化水平，比值越大说明技术转化能力越强，对竞争力的提升越有利。知识产权保护程度指该地区的产权保护力度，与技术创新和竞争力正相关。

本章选用 2003～2014 年分行业数据和省际数据进行测算，数据主要来源于《中国统计年鉴》《中国环境统计年鉴》《中国能源统计年鉴》《中国科技统计年鉴》等。

3.5 评价方法及结果分析

3.5.1 熵值法的应用

目前已有的指标综合评价方法很多，考虑到多指标权重确定的客观性，本章运用熵值法对中国制造业国际竞争力进行评价。熵值法根据各项指标的变异度来确定指标权数，是一种客观赋权法，最大限度避免了人为因素带来的误差，因此可以较为客观地确定各指标的权重（杨浩昌等，2014）。熵值法的具体计算过程如下：

1. 建立评价矩阵

设评价系统包括 n 个评价对象，m 个评价指标，指标值 x_{ij}（$i = 1$，2，$\cdots$，n，$j = 1$，2，$\cdots$，m）表示第 i 个评价对象对第 j 个评价指标的值，由此可以构建 $n \times m$ 维指标矩阵：

$$X = (x_{ij})_{n \times m} = \begin{pmatrix} x_{11} & x_{12} & \cdots & x_{1m} \\ x_{21} & x_{22} & \cdots & x_{2m} \\ \vdots & \vdots & \ddots & \vdots \\ x_{n1} & x_{n2} & \cdots & x_{nm} \end{pmatrix}; \; i = 1, 2, \cdots, n; \; j = 1, 2, \cdots, m$$

$$(3-1)$$

2. 标准化处理

指标矩阵中的指标需要进行规范化处理，以消除量纲对最终结果的影响，计算过程如下：

$$r_{ij} = \begin{cases} \dfrac{x_{ij} - x_j^0}{x_j^* - x_j^0} & (1 \leqslant i \leqslant n, \; 1 \leqslant j \leqslant m), \; x_j^* = \max_{1 \leqslant i \leqslant n} x_{ij}, \; x_j^0 = \min_{1 \leqslant j \leqslant m} x_{ij} \quad (1) \\ \dfrac{x_j^0 - x_{ij}}{x_j^0 - x_j^*} & (1 \leqslant i \leqslant n, \; 1 \leqslant j \leqslant m), \; x_j^* = \min_{1 \leqslant i \leqslant n} x_{ij}, \; x_j^0 = \max_{1 \leqslant j \leqslant m} x_{ij} \quad (2) \end{cases}$$

$$(3-2)$$

式（3-2）中，式（1）代表正向指标的去量纲步骤，式（2）为逆向指标的去量纲过程。r_{ij} 指第 i 个评价对象的第 j 个评价指标的规范化值，x_j^0 指全部评价对象第 j 个评价指标的最小值，x_j^* 指全部评价对象第 j 个评价指标的最大值。由此可以构建规范化后的指标矩阵：

$$R = (r_{ij})_{n \times m} = \begin{pmatrix} r_{11} & r_{12} & \cdots & r_{1m} \\ r_{21} & r_{22} & \cdots & r_{2m} \\ \vdots & \vdots & \ddots & \vdots \\ r_{n1} & r_{n2} & \cdots & r_{nm} \end{pmatrix}; \; i = 1, 2, \cdots, n; \; j = 1, 2, \cdots, m$$

$$(3-3)$$

3. 评价指标熵值的确定

首先将指标矩阵 R 进行归一化处理：

$$p_{ij} = \frac{r_{ij} + 10^{-4}}{\sum\limits_{i=1}^{n} (r_{ij} + 10^{-4})}; i = 1, 2, \cdots, n; j = 1, 2, \cdots, m \quad (3-4)$$

之所以采用 10^{-4} 来修正公式，是由于当 r_{ij} 为零时，P_{ij} 不等于零，$\ln P_{ij}$ 才具有数学意义；且当 n 非常大时，P_{ij} 近似为 0（张近乐、任杰，2011）。

然后，据此确定各指标的熵值：

$$H_{ij} = -k\left(\sum\limits_{i=1}^{n} p_{ij} \times \ln p_{ij} \right), i = 1, 2, \cdots, n, j = 1, 2, \cdots, m$$

$$(3-5)$$

其中，H_{ij} 指第 j 个评价指标的熵值，$k = 1/\ln(n)$。

4. 评价指标权重的确定

$$w_{ij} = \frac{1 - H_j + \frac{1}{10}\sum\limits_{j=1}^{m}(1 - H_j)}{\sum\limits_{j=1}^{m}\left(1 - H_j + \frac{1}{10}\sum\limits_{j=1}^{m}(1 - H_j)\right)}, j = 1, 2, \cdots, m \quad (3-6)$$

其中 w_{ij} 指第 j 个评价指标的权重。因式 $\frac{1}{10}\sum\limits_{j=1}^{m}(1 - H_j)$ 的作用是为了避免传统熵权法在 H_j 接近 1 时，H_j 的小幅波动会引起对应权重的显著变化、处理不当容易使权重存在较大误差，且能将其对熵权的影响控制在合理范围内，是一个兼顾准确度与稳健性的折中选择。

5. 综合指数的确定

$$Z_i = \sum\limits_{j=1}^{m} r_{ij} \times w_j; i = 1, 2, \cdots, n; j = 1, 2, \cdots, m \quad (3-7)$$

其中，Z_i 指第 i 个评价对象的综合指数。

3.5.2　分行业制造业竞争力评价结果分析

本小节主要依据前面的理论分析及评价指标体系、运用熵值法对分行业的制造业国际竞争力进行评价，分析结果表明，不同行业的国际竞争力变化趋势不尽相同，有的行业呈现上升态势，有的行业竞争力基本持平，而有些行业则表现出下行趋势。结果如图3-2~图3-4所示。

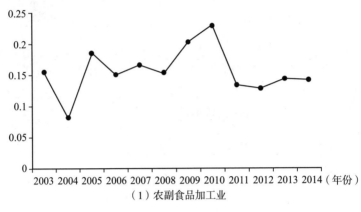

（1）农副食品加工业

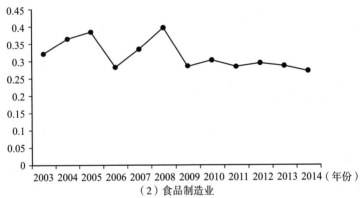

（2）食品制造业

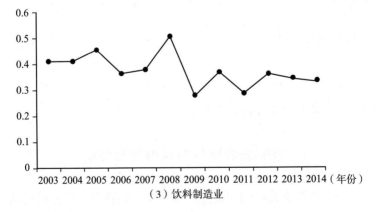

（3）饮料制造业

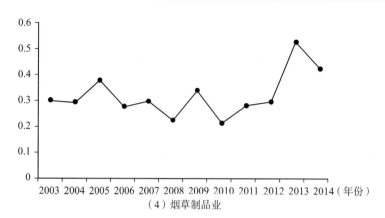

（4）烟草制品业

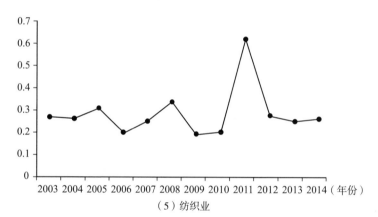

（5）纺织业

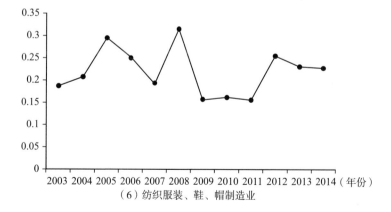

（6）纺织服装、鞋、帽制造业

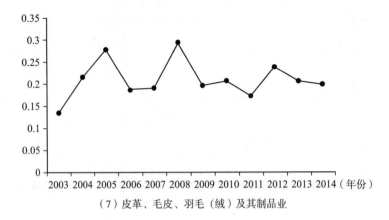

（7）皮革、毛皮、羽毛（绒）及其制品业

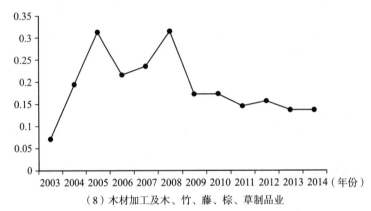

（8）木材加工及木、竹、藤、棕、草制品业

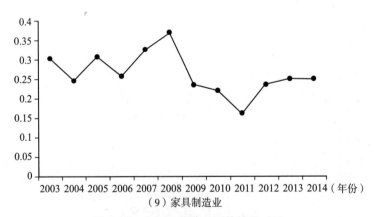

（9）家具制造业

图3－2　分行业制造业评价结果（1）

资料来源：笔者计算整理。

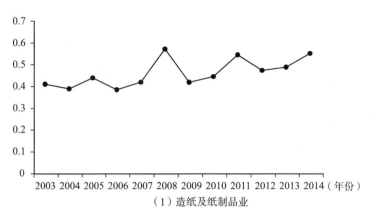

（1）造纸及纸制品业

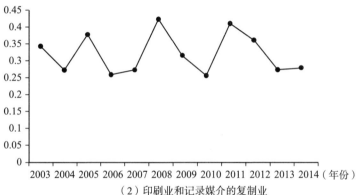

（2）印刷业和记录媒介的复制业

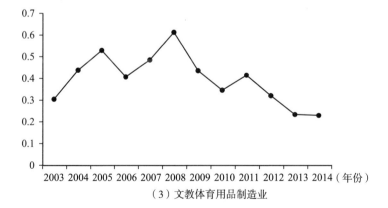

（3）文教体育用品制造业

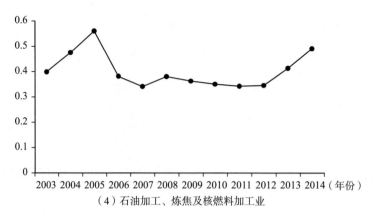

（4）石油加工、炼焦及核燃料加工业

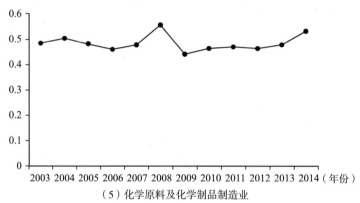

（5）化学原料及化学制品制造业

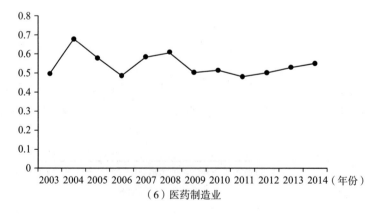

（6）医药制造业

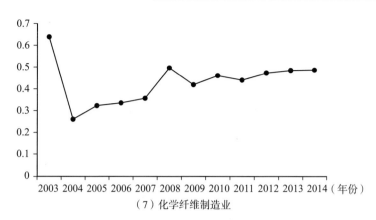

（7）化学纤维制造业

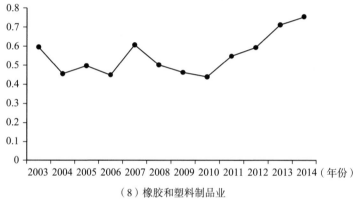

（8）橡胶和塑料制品业

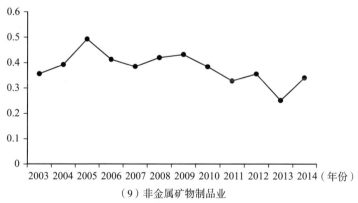

（9）非金属矿物制品业

图 3 - 3   分行业制造业评价结果（2）

资料来源：笔者计算整理。

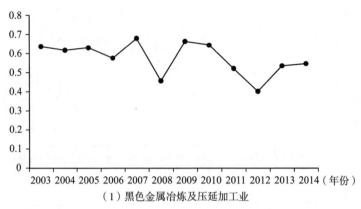

（1）黑色金属冶炼及压延加工业

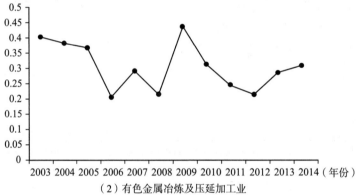

（2）有色金属冶炼及压延加工业

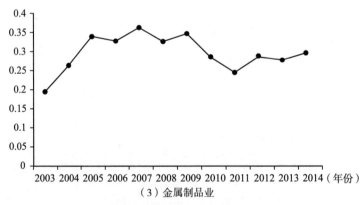

（3）金属制品业

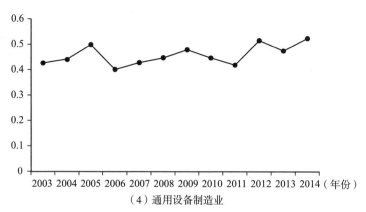

（4）通用设备制造业

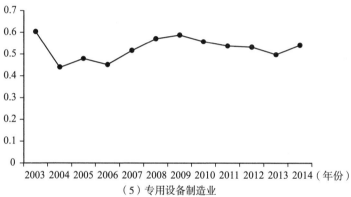

（5）专用设备制造业

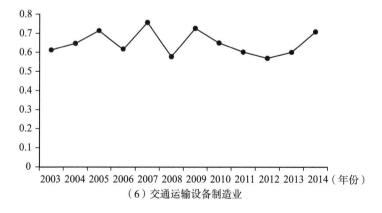

（6）交通运输设备制造业

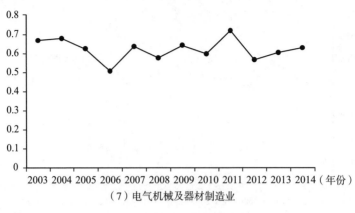

（7）电气机械及器材制造业

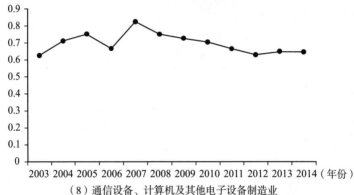

（8）通信设备、计算机及其他电子设备制造业

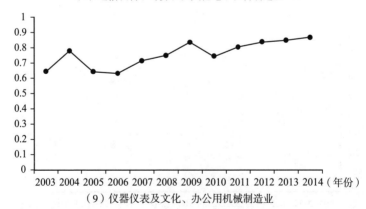

（9）仪器仪表及文化、办公用机械制造业

图 3-4　分行业制造业评价结果（3）

资料来源：笔者计算所得。

图 3-2 为农副产品加工业、食品制造业、饮料制造业、烟草制造

业、纺织业、纺织服装鞋帽制造业、皮革毛皮羽毛及其制品业、木材加工业和家具制造业等 9 个行业的制造业综合评价指数趋势图，从图 3 - 3 中可以看出，这几个行业自 2003 年以来竞争力指数起伏不断，且呈现略微下降的趋势。总体来看，这 9 个行业多属于原材料或劳动密集型行业，技术要素投入比重较小，生产过程更多依赖于原材料和劳动力投入，而原材料价格受市场供需影响显著，变化较为频繁，因此这些行业竞争力变化幅度较大。总体呈现下行趋势，主要是由于原材料、劳动力要素价格的不断上涨，使行业生产成本增加、利润下降，削弱了行业的竞争力水平；另一方面，我们探讨的竞争力包含多个因素，不仅是生产成本一个方面，还包括技术创新、制度和环境规制等要素，而在这几个方面上述行业可能并无优势可言，因此在综合了其他几个影响因素之后，这些仰赖原材料等要素投入的行业，竞争力相对较弱。制造业中的这些行业被锁定在全球价值链的低端，一直借助低要素成本参与国际竞争，而在新的竞争形势下，难以形成新的竞争优势，终沦落为夕阳产业。

图 3 - 3 展示了造纸及纸制品业、印刷业、文教体育用品业等 9 个行业的竞争力综合指数变化趋势，由图可看出，除了造纸业、印刷业和文教体育用品业三个行业的竞争力波动幅度较大，其他行业的竞争力指数较为平稳且主要呈现上升趋势，如石油加工、炼焦及核燃料加工业、化学原料及化学制品业、化学纤维业，尤其是橡胶和塑料制品业上升趋势更为明显①。而文教体育用品业和非金属矿物制造业的竞争力虽自 2003 年以来多呈下降的趋势，但是近两年则表现出竞争力回升的迹象。医药制造业的竞争力综合评价指数比较平稳，表现出稳健上升的趋势，从绝对值也可以看出，医药制造业的竞争力水平一直居于高位，具有较强的竞争优势。

图 3 - 4 包含了黑色金属冶炼及压延加工业、金属制品业、通用设备制造业、交通运输设备制造业和仪器仪表及文化办公用机械制造业等 9 个行业的竞争力评价结果折线图，这 9 个行业竞争力总体表现出波折上升的趋势，而且竞争力综合评价指数的绝对值均较大，高于制造业整体的平均值，说明这些行业的竞争力水平较高，而且从属性来看，这些行业均属于资本技术密集型行业。对比图 3 - 2 与图 3 - 4，从竞争力评价结果的变化趋势可以看出，富有竞争力的产业正向资本技术密集型行

① 根据国民经济行业分类的调整，将橡胶制品业和塑料制品业合为一起进行竞争力综合指数测算。

业集中，中国的产业结构升级转型正在悄然进行着。

表3-2为27个制造业分行业竞争力综合评价指数的平均值，并按照竞争力强弱进行了划分。综合指数小于0.3的行业表明竞争力较弱，包括农副产品制造业、纺织业和木材加工等7个细分行业；综合指数处在0.3~0.5之间的行业，属于中等竞争力水平，主要包括饮料制造、烟草、造纸业和印刷业等12个行业，从占比可以看出，我国目前大部分行业的竞争力处于中等水平；而大于0.5的行业则具有较强竞争力，主要包括医药制造、专用设备、交通运输设备以及通信设备、计算机及电子设备制造业等8个行业，这一结果表明我国资本和技术密集型行业的竞争力水平显著提升，制造业转型升级成效显著。

表3-2 制造业分行业竞争力综合评价指数

行业	Z<0.3	行业	0.3≤Z<0.5	行业	Z≥0.5
13	0.1567	14	0.3207	27	0.5455
17	0.2855	15	0.3753	29	0.5118
18	0.2183	16	0.3211	32	0.5766
19	0.2115	22	0.4614	36	0.5255
20	0.1903	23	0.3205	37	0.6181
21	0.2655	24	0.3978	38	0.6187
34	0.2964	25	0.4011	39	0.6963
		26	0.4847	40	0.7590
		28	0.4331		
		31	0.3799		
		33	0.3065		
		35	0.4576		

注：行业代码对应的行业如下：农副产品制造业（13）；食品加工业（14）；饮料制造业（15）；烟草制造业（16）；纺织业（17）；纺织服装、鞋帽制造业（18）；皮革、皮毛、羽毛及其制品业（19）；木材加工及木竹藤棕草制品业（20）；家具制造业（21）；造纸及纸制品业（22）；印刷业和记录媒介的复制工业（23）；文教体育用品制造业（24）；石油加工、炼焦及核燃料加工业（25）；化学原料及化学制品制造业（26）；医药制造业（27）；化学纤维制造业（28）；橡胶和塑料制造业（29）；非金属矿物制品业（31）；黑色金属冶炼及压延加工业（32）；有色金属冶炼及压延加工业（33）；金属制品业（34）；通用设备制造业（35）；专用设备制造业（36）；交通运输设备制造业（37）；电器机械及器材制造业（38）；通信设备、计算机及电子设备制造业（39）；仪器仪表及文化、办公用机械制造业（40）。

资料来源：笔者计算整理。

对比分行业的竞争力趋势图和表 3－2 可以看出，在 FRIT 框架下，行业竞争力的评价结果与以往认为的我国制造业国际竞争力优势集中在劳动密集型行业的情况大不相同，相反地，传统劳动密集型行业的竞争力被弱化，而技术资本密集型行业竞争力强于劳动密集型行业，这很可能与我们的评价指标设计体系有关，该体系不再仅从低要素成本出发，而是将要素成本、环境规制、制度和技术创新综合起来，对新形势下的制造业国际竞争力进行系统评价，这一指标体系显著区别于以往研究。竞争力是一个相对复杂的概念，是一种随实际竞争环境变化而变化的相对状态。在经济发展不够充分时，竞争力可能主要表现为压低成本而形成的低价优势，但随着经济不断发展，竞争力内涵不断被深化，不再仅执着于价格竞争，而是更多关注质量和科技含量以及是否是环境友好型产品，这也是本章研究制造业国际竞争力的关键，即在多变的内外部环境下，分析中国制造业国际竞争力的变化情况，以便为我国制造业在国际竞争中占据制高点和实现制造业转型升级提供理论依据。

3.5.3　分地区制造业竞争力评价结果分析

前面主要从行业层面对制造业国际竞争力进行了评价分析，这一小节我们主要按照不同地区对制造业竞争力进行测度。表 3－3 是 FRIT 框架下 2003～2014 年全国及东中西三地区制造业国际竞争力综合评价指数。其中，东部地区包括北京、天津、河北、上海、江苏、浙江、福建、山东、广东、海南、辽宁 11 个省（区、市），中部地区包括山西、吉林、黑龙江、安徽、江西、河南、湖北、湖南 8 个省（区、市），西部地区包括内蒙古、广西、重庆、四川、贵州、云南、陕西、甘肃、青海、宁夏、新疆 11 个省（区、市），未考虑港澳台及西藏。从全国评价指数可以看出，我国制造业竞争力呈 U 形波动，2008 年金融危机之后竞争力稳步提升。2003 年之后制造业国际竞争力开始下滑，主要源于 2004 年开始我国出现"民工荒"，几年间劳动力成本成倍增加，加之进口原料价格同样上升迅速，国际原油价格从 2003 年再次突破 30 美元/桶开始，之后油价一路飙升，直至 2008 年达到 147.27 美元/桶的历史最高点，大幅增加了制造业成本负担。加之 2006 年我国为调整出口结构，开始控制"两高一资"（高耗能、高污染、资源加工型）产品出口的增长，导致制造业国际竞争力在 2007 年降至最低水平。2008 年开始为应对金融危机，政府及时出台各种政策措施、搭配持续宽松的财政货币政策，同时生产要素成本下调显著，经济在复杂环境中低速增长，制造业国际竞争力稳健提升。

表 3 - 3　　全国及各地区的制造业国际竞争力综合评价指数

年份	全国	东部地区	中部地区	西部地区
2003	0.5587	0.6211	0.3957	0.4838
2004	0.4922	0.5604	0.3313	0.3886
2005	0.4843	0.5561	0.3321	0.3867
2006	0.4777	0.5598	0.3308	0.3708
2007	0.4363	0.5039	0.3241	0.3508
2008	0.4864	0.5593	0.3591	0.3905
2009	0.4985	0.5826	0.3706	0.3856
2010	0.5105	0.5925	0.3971	0.3957
2011	0.5063	0.5892	0.3869	0.3901
2012	0.5023	0.5995	0.3591	0.3724
2013	0.5358	0.6262	0.4039	0.4174
2014	0.5508	0.6527	0.4377	0.4214

资料来源：笔者计算整理。

从分地区的综合评价指数来看，东部地区制造业竞争力与总体竞争力变化趋势基本一致，但明显强于中西部地区，这与制造业区域布局偏向东部沿海地区密切相关。绝佳的区位优势、人力资本优势、技术优势、资金优势和良好的产业基础，为东部地区制造业奠定了坚实基础，同时为东部地区优先进行产业升级，发展新兴技术产业、高端装备制造业铺平了道路。因此，尽管 2007 年开始东部地区加快将失去比较优势的产业往外梯度转移，但高端制造业成功补位，东部地区制造业竞争力提升速度虽不快，但却有质的突破。中部地区制造业竞争力开始较弱、表现乏力，印证了当时"中部塌陷"的发展不平衡现象；但 2007 年之后增长势头较为稳健，2010 年前后与西部地区竞争力持平，并呈上升趋势。这得益于"中部崛起"战略的政策扶持，加之中部地区广阔的市场空间，承东启西的区位优势，以湖南、湖北为代表的中部地区，在承接东部制造业向内陆转移过程中优势明显，产业结构升级加速，提升了中部地区的制造业竞争力。西部地区制造业竞争力开始表现良好、超过中部地区，主要受益于西部大开发政策的强力推动；但近十多年来制造业竞争力一直在下滑，虽然政策在努力支持西部发展，也取得了显著成果，但西部地区整体工业化水平还是相对滞后，我国工业化水平综合指数在 2007 年时已达到 52，而西部地区仅为 18，差距甚大，所以西部地区制造业竞争力提升后期表现疲软。

3.5.4　各要素权重贡献变化分析

图 3 - 5 是测算 2003 ~ 2014 年制造业竞争力综合评价指数时，生产要素指标、环境规制指标、制度指标和技术创新指标各自的权重占比，反映它们对制造业竞争力提升的贡献度。从图 3 - 5 中可看出，2012 年之前生产要素价格权重占比相对较高，我国制造业国际竞争力约 35% 是由价格相对较低的生产要素贡献的，但 2012 年后其比重明显下降，2014 年为 26%，说明我国制造业成本优势正在削弱。其次是制度红利，对制造业竞争力的影响略低于生产要素，制度安排给制造业发展提供了良好环境，但制度的贡献浮动明显，这是由于制度与政府行为密切相关，特定政策的出台能够对地区制度环境产生立竿见影的显著作用。位居第三的是技术创新因素，在 2007 年之前略有下降，占比在 20% 左右变化，但 2007 年之后其权重上升迅速，表现强劲，但相比发达国家 60% ~ 80% 的技术贡献度而言，我国技术创新贡献度仍然偏小，技术创新潜力没有充分释放、还有广阔的进步空间，这将是未来我国制造业竞争力提升的关键。我们注意到，在 FRIT 框架下对国际竞争力贡献度最小的是环境规制因素。节能减排降耗、加强环境规制是大势所趋，哪个国家若能占得先机，就能领跑低碳经济时代。但很显然，我国当前环境规制贡献率还太低，是竞争力提升的一个短板，而且是目前制造业转型升级面临的首要难题。

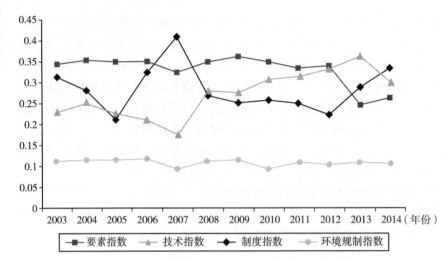

图 3 – 5   各评价指标对制造业竞争力的影响权重

资料来源：笔者整理绘制。

中国制造业正处于转型升级的关键节点，从分行业的评价结果可看出，我国传统的优势产业，如资源密集型和劳动密集型行业的竞争力已有明显弱化迹象，而资本技术密集型行业的竞争力正稳健提升，说明近年来我国制造业结构优化成效显著。但从不同要素作用权重变化可以看出，对竞争力作用较大的仍是要素价格和制度两个变量，技术创新和环境规制因素的贡献权重与前两者相比差距甚远，这充分说明当前我国制造业转型升级需求与竞争优势之间存在错位，当前竞争优势来源转换滞后于我国制造业转型升级的需求，也制约着制造业国际竞争力的提升。因此就要素价格和环境规制对制造业国际竞争力的影响进行深入研究，把握其内在作用机理，为实现竞争优势从要素驱动型向技术驱动型转换提供理论支撑，是本书后续研究的主要内容。

3.6   本 章 小 结

从测算的综合评价指数可以看出，近十几年来我国制造业竞争力虽有波折但总体表现为上升趋势，制造业实力雄厚。分行业制造业竞争力变化趋势区别较大，具有传统比较优势的资源和劳动密集型行业竞争力水平较低且有进一步下降的趋势，而资本和技术密集型行业的竞争力居于高位且稳健上升，充分说明中国制造业内部结构正在悄然变化，转型升级初见成效。从分地区的制造业竞争力发展情况看，东部地区优势最明显，中部地区稳健提升，西部地区后期表现乏力，地区发展不平衡现象比较严重。各地区制造业竞争力联动发展的关键还在于创新，东部地区要更好发挥先发优势，进一步提升对外开放水平和质量，与国际市场接轨，同时注重培育自主创新能力，掌握好经济发展的方向标，打造一批起到"领头羊"作用的先进制造业基地。中西部地区要因地制宜，大力引进外部资本和前沿技术，走创新驱动发展之路，有序承接来自发达地区的产业转移，提升整体竞争力水平。这样亦能避免中国制造业传统优势急剧衰落、而造成竞争优势断档现象。

通过分析 FRIT 评价体系的四个指标对制造业竞争力的贡献度，笔者发现在制造业发展过程中仍存在的不少突出问题。传统生产要素依然是制造业竞争力的主要来源，尤其是低廉的劳动力、丰富的能源资源等；制度是继生产要素之后制造业竞争力的另一重要来源，李富强等（2008）对制度和其他要素间作用关系的研究也发现，在处于经济转轨阶段的中国，制度因素对经济发展更有解释力；技术创新对制造业竞争力的贡献虽在稳步提升，但技术层面的竞争优势尚未形成。伴随世界经济格局的深刻变化，传统的要素禀赋优势正在逐步减弱，多种生产要素的供需形势已经发生转变，以往流连于传统比较优势、靠低要素成本参与国际竞争，通过消耗大量不可再生资源来实现工业增长的粗放型发展模式将难以为继；只有提高技术贡献率、提质增效，加快实现制造业竞争力来源要素的次序转换，才能真正实现中国制造业国际竞争力的提升。

要素价格上涨尤其是劳动力工资的提高是一种不可逆的长期趋势，所以制造业发展不能再依赖于低成本优势，而应追求技能红利等其他竞争优势，提高生产效率以缓解成本上升压力。在技术创新能力上，我国目前还不能做到完全的自主创新，要鼓励技术的选择性引进，并注重引进后的消化吸收再创新；应注重提高创新意愿与创新能力，培育企业发展的内生动力，加大基础性研究投入力度，从而提升科技创新对整体经济发展的贡献度。当前，我国虽已取得了部分制度红利，但距离完善的制度环境还有相当大差距，因此要进一步加快市场化改革，注重协调统一的制度推进与法规落实，避免产生制度差异造成的市场分割现象。完善的市场交易制度有助于降低交易成本，完善的产权保护制度则有助于激励技术创新，所以制度保障同样是提升制造业竞争力的重要举措。

我国粗放型增长方式尚未完全转变，环境规制措施有待加强和完善，为充分发挥环境规制的创新补偿效应，政府应适当提高环境规制强度，但要注意根据各地区、各行业的发展实际，确定差异化的环境规制措施，避免"一刀切"。政府还应通过税收减免与财政补贴等举措引导企业进行治污技术创新，使其在较高治污水平上实现污染减排和治理；鼓励外资流入高新技术行业进行清洁生产，杜绝盲目粗放型的资本深化、注重资本投入的环境与社会效益，从而形成我国环境改善、资源利用效率提高与制造业竞争力提升的多赢局面。

第4章　要素价格扭曲、技术进步偏向与制造业国际竞争力

第3章主要是在 FRIT 框架基础上，构建制造业国际竞争力评价指标体系，运用熵值法，从行业层面和省际层面两个维度对新形势下制造业国际竞争力水平进行测度，有助于深入了解当前中国制造业国际竞争力的实际情况。虽然在 FRIT 框架中包含了对竞争力影响较为关键的几个因素，但通过评价分析我们仅能了解到各个要素对制造业国际竞争力变化的总体影响，对于其内在影响机制却难以深入，需要展开进一步研究，而这正是本章接下来的研究重点。本章主要在统一的理论框架内，以要素价格扭曲为切入点，打通要素价格扭曲与技术进步偏向之间的逻辑关系及内在机理，研究要素价格扭曲本身对制造业竞争力的直接影响，以及通过技术进步偏向对制造业国际竞争力的间接影响，并区分制造业总体和不同要素密集型行业进行实证检验，为中国当前要素市场改革中，逐步纠正要素价格扭曲，并妥善处理要素使用和技术进步的融合问题提供理论支撑。

本章结构如下：4.1 节介绍本章的研究背景；4.2 节引入"扭曲税"，在 CES 生产函数形式下，构建要素价格的绝对和相对扭曲系数，并推导出包含扭曲的技术进步偏向指数，进一步阐述要素价格扭曲直接影响以及通过技术进步偏向间接影响制造业国际竞争力的理论基础；4.3 节借助 CES 生产函数供给面系统化方程，运用 FGNLS 进行参数估计；构建可进行实证检验的计量方程，并对相关变量和数据进行简要说明；4.4 节着重分析估算出的各相关参数，以及在此基础上计算得到的要素价格绝对、相对扭曲系数和技术进步偏向指数；4.5 节则将测算出的要素价格扭曲系数和技术进步偏向指数分别代入计量模型中进行实证分析，并区分不用要素密集型行业，检验两者对制造业国际竞争力产生

的影响有何差异；4.6 节对本章的研究结论进行总结。

4.1 引　言

1978 年以来，以市场化为导向的经济改革和经济转型取得了举世瞩目的成就，中国已经成为世界第二大经济体和第一制造业大国。然而，尽管产品市场的价格管制已基本放开，但要素市场的改革却长期滞后，政府仍保持着对许多重要经济资源的配置权力，形成了明显的要素价格扭曲格局。人为压低的要素价格虽对我国制造业发展起到了巨大推动作用，但也不可避免地产生了诸多弊病，其中很重要的一方面就是要素价格扭曲导致的资源错配问题。随着改革开放的深入和世界经济形势的急剧变化，中国制造业转型升级与要素价格扭曲的矛盾日益突出。现有研究表明，目前中国制造业内部的资源错配大约造成了 15% 的产出缺口（陈永伟、胡伟民，2011），因此纠正要素价格扭曲、促进经济增长的潜力是巨大的。但不可忽视的一个问题是：调整要素配置是否一定能够促进制造业发展、提升国际竞争力？优化要素配置结构只是重要条件之一，更为关键的是与技术进步相融合，才能真正实现提质增效，促进制造业转型升级、提升国际竞争力。

技术进步是经济增长的重要驱动力，其发展通常凝结在资本和劳动的积累过程中，而由于资本和劳动的积累是非对称的，所以技术进步通常表现出一定的偏向性特征。根据阿西莫格鲁（2002）的定义，如果技术进步导致资本与劳动边际产出比上升（或下降），则技术进步偏向于资本（或劳动）。发达国家因其资本相对充裕，技术进步具有资本偏向性特征；虽然中国的要素禀赋结构与发达国家不一致，却同样表现为资本偏向型技术进步。甘奇、齐利波蒂（2009）认为这是由于改革开放以来中国从发达国家引进技术和设备所致。但发达国家偏向资本的技术能够适应中国经济的发展，说明中国的要素使用结构是与之相适应的，但这种使用结构显然与中国的要素禀赋优势不一致。资本偏向型技术在中国没有出现"水土不服"，很重要的一个原因就是要素价格扭曲的作用，甚至价格扭曲本身就是技术进步偏向性的决定因素之一。

为了尽快建立国民经济基础，中国实施的是优先发展重工业的工业化战略，利用强大的政府职能对众多关键资源进行配置，以低利率体系刺激投资、为优先发展重工业提供资金，因此资本比劳动的价格扭曲更为严重，进而导致了资本对劳动要素的替代，使中国的技术进步呈现资本偏向性特征。研究表明，要素价格扭曲已成为中国制造业技术复杂度升级赶超的"助推型资源"，使中国贸易结构实现了从劳动密集型到资本技术密集型的转变。所以在纠正要素价格扭曲时，要先充分了解这种扭曲对技术进步偏向的影响，做好技术衔接，避免陷入要素与技术相互掣肘、制约制造业国际竞争力提升的误区。

探究纠正要素价格扭曲、优化要素配置后的要素禀赋结构变化能否与技术结构相适应，能否推动制造业可持续发展，首先要厘清以下几个问题：中国制造业行业的要素价格扭曲程度到底如何，近年来是有所加剧还是有所缓解？中国的技术进步有何偏向性、要素价格扭曲如何影响了这种偏向？要素价格扭曲对制造业国际竞争力的影响机制怎样，如何通过技术进步偏向性对国际竞争力产生间接影响？把握以上问题对推动制造业转型升级、提升国际竞争力具有十分重要的现实意义，但相关研究较少，关注要素价格扭曲对技术进步偏向影响的研究更为稀缺。有鉴于此，本章将从以下两个方面实现创新：一是采用 CES 生产函数，以"扭曲税"的形式引入要素价格扭曲，在带有要素价格扭曲的竞争均衡模型中定义要素价格的绝对和相对扭曲系数；进一步考虑要素价格扭曲对要素生产效率的影响，在此基础上测度各行业的技术进步偏向指数。这样既能较准确地刻画各行业的要素价格扭曲，也能为研究要素价格扭曲对技术进步偏向的影响奠定了理论基础。二是在要素价格扭曲系数和技术进步偏向指数测算基础上，区分制造业整体及不同要素密集型行业，实证分析要素价格扭曲对制造业国际竞争力的直接影响以及通过技术进步偏向所产生的间接影响，以期为我国在消除扭曲、优化资源配置过程中，如何进行合理的技术创新选择、实现资源优化配置与技术进步相融合提供决策参考。

4.2 理 论 分 析

本部分将讨论 CES 生产函数形式下的要素价格扭曲水平测算、考虑要素价格扭曲后技术进步偏向性的变化，以及要素价格扭曲自身和要素价格扭曲通过技术进步偏向对制造业国际竞争力的作用机制和渠道。

4.2.1 "扭曲税"与要素价格扭曲系数

考虑一个 N 行业的生产问题。假设行业生产函数为 CES 形式，不同行业内生产要素的替代弹性为 σ_i，那么行业 i 的代表性企业生产函数为：

$$Y_{it} = \left[(1 - \theta_i)(A_{it}L_{it})^{\frac{\sigma_i - 1}{\sigma_i}} + \theta_i(B_{it}K_{it})^{\frac{\sigma_i - 1}{\sigma_i}} \right]^{\frac{\sigma_i}{\sigma_i - 1}} \quad (4-1)$$

由于本章主要关注行业间要素价格扭曲的变化，因此假设行业内企业的生产函数均为相同的 CES 形式[①]，主要要素投入为资本 K 和劳动 L，且企业的生产规模报酬不变，行业 i 的资本产出弹性为 θ_i，劳动产出弹性为 $1 - \theta_i$。A_{it} 和 B_{it} 分别表示行业 i 的劳动和资本产出效率，σ_i 表示行业 i 的要素替代弹性。借鉴谢和克雷诺（2009）的研究方法，假设行业内企业面临的要素价格是扭曲的，且以"扭曲税"的形式体现：行业 i 资本和劳动的价格分别为 $(1 + \tau_{Ki})p_{K,t}$ 和 $(1 + \tau_{Li})p_{L,t}$，其中 $p_{K,t}$ 和 $p_{L,t}$ 是竞争性条件下行业 i 两种要素的价格水平，τ_{Ki} 和 τ_{Li} 分别表示行业 i 内资本和劳动两种要素的"扭曲税"。

在存在价格扭曲的要素市场约束下，代表性企业寻求最大化其当期利润：

$$\max_{K_{it}, L_{it}} p_{it}Y_{it} - (1 + \tau_{Ki})p_{K,t}K_{it} - (1 + \tau_{Li})p_{L,t}L_{it} \quad (4-2)$$

其中 p_{it} 表示行业 i 的产品价格，上述最大化问题的一阶条件为：

$$\theta_i p_{it} B_{it}^{\frac{\sigma_i - 1}{\sigma_i}} \left(\frac{Y_{it}}{K_{it}} \right)^{\frac{1}{\sigma_i}} = (1 + \tau_{Ki})p_{K,t} \quad (4-3)$$

$$(1 - \theta_i) p_{it} A_{it}^{\frac{\sigma_i - 1}{\sigma_i}} \left(\frac{Y_{it}}{L_{it}} \right)^{\frac{1}{\sigma_i}} = (1 + \tau_{Li})p_{L,t} \quad (4-4)$$

假设每期两种生产要素总量是外生给定的，那么整个制造业面临的资源约束条件为：

---

① 区别于对行业采用 CES 生产函数、而企业使用 CD 生产函数的一般做法，本书假设行业与企业均使用 CES 生产函数形式，一是可由理论模型直接计算得到要素绝对和相对价格扭曲系数，二是将要素价格扭曲与技术进步偏向两方面研究纳入了统一的模型框架，相较于以往研究是一个明显改进。

$$\sum_{i=1}^{N} K_{it} = K_t, \quad \sum_{i=1}^{N} L_{it} = L_t \qquad (4-5)$$

根据上述利润最大化的一阶条件和资源约束条件，即可解得带有价格扭曲的竞争均衡条件下行业 i 的资本与劳动投入：

$$K_{it} = \frac{\dfrac{\theta_i^{\sigma_i} p_{it}^{\sigma_i} B_{it}^{\sigma_i-1} Y_{it}}{(1+\tau_{Ki})^{\sigma_i} p_{K,t}^{\sigma_i}}}{\sum\limits_{j=1}^{N} \dfrac{\theta_j^{\sigma_j} p_{jt}^{\sigma_j} B_{jt}^{\sigma_j-1} Y_{jt}}{(1+\tau_{Kj})^{\sigma_j} p_{K,t}^{\sigma_j}}} K_t, \quad L_{it} = \frac{\dfrac{(1-\theta_i)^{\sigma_i} p_{it}^{\sigma_i} A_{it}^{\sigma_i-1} Y_{it}}{(1+\tau_{Li})^{\sigma_i} p_{L,t}^{\sigma_i}}}{\sum\limits_{j=1}^{N} \dfrac{(1-\theta_j)^{\sigma_j} p_{jt}^{\sigma_j} A_{jt}^{\sigma_j-1} Y_{jt}}{(1+\tau_{Lj})^{\sigma_j} p_{L,t}^{\sigma_j}}} L_t \quad (4-6)$$

为对式（4-6）进行进一步分析，我们定义行业 i 的资本与劳动绝对扭曲系数为：

$$\gamma_{Ki} = \frac{1}{1+\tau_{Ki}}, \quad \gamma_{Li} = \frac{1}{1+\tau_{Li}} \qquad (4-7)$$

在竞争均衡条件下，将行业 i 的产值占整个制造业总产值的份额记为 $s_{it} = p_{it} Y_{it}/Y_t$，将产出加权形式的制造业资本占产出份额记为 $\theta_{K,t} = \left[\sum\limits_{j=1}^{N} (s_{jt}\theta_j)^{\sigma_j}\right]^{\sigma_i-1}$，则该行业资本要素价格的相对扭曲系数可定义为：

$$\gamma_{K_{it}}^{\sigma_i} = \frac{Y_{it}^{1-\sigma_i} B_{it}^{\sigma_i-1} p_{K,t}^{-\sigma_i} Y_t^{\sigma_i} \gamma_{Ki}^{\sigma_i}}{\sum\limits_{j=1}^{N} \dfrac{s_{jt}^{\sigma_j} \theta_j^{\sigma_j}}{\theta_{K,t}^{\sigma_i}} Y_{jt}^{1-\sigma_j} B_{jt}^{\sigma_j-1} p_{K,t}^{-\sigma_j} Y_t^{\sigma_j} \gamma_{Kj}^{\sigma_j}} \qquad (4-8)$$

同理可定义劳动要素价格的相对扭曲系数 $\gamma_{L_{it}}^{\sigma_i}$。从式（4-8）可以看到，在 CES 生产函数形式下，要素价格的相对扭曲程度不但决定于绝对扭曲水平，而且还受到要素生产效率与行业相对产出份额的影响。而在柯布-道格拉斯函数形式下，后两者对要素价格相对扭曲的影响则难以体现。当我们将 σ_i 设定为 1 时，式（4-8）即转化为陈永伟和胡伟民（2011）对相对要素价格扭曲系数的定义形式。将式（4-7）与式（4-8）代入式（4-6）得到：

$$K_{it} = \left(\frac{s_{it}\theta_i}{\theta_{K,t}}\right)^{\sigma_i} \gamma_{K_{it}}^{\sigma_i} K_t, \quad L_{it} = \left[\frac{s_{it}(1-\theta_i)}{\theta_{L,t}}\right]^{\sigma_i} \gamma_{L_{it}}^{\sigma_i} L_t \qquad (4-9)$$

因此，通过上述推导，我们就将行业 i 的要素价格相对扭曲系数转换为下述形式：

$$\gamma_{K_{it}} = \left(\frac{K_{it}}{K_t}\right)^{\sigma_i-1} \Big/ \left(\frac{s_{it}\theta_i}{\theta_{K,t}}\right), \quad \gamma_{L_{it}} = \left(\frac{L_{it}}{L_t}\right)^{\sigma_i-1} \Big/ \left[\frac{s_{it}(1-\theta_i)}{\theta_{L,t}}\right] \quad (4-10)$$

行业整体的相对扭曲系数可以表示为：$dis_{it} = \gamma_{K_{it}}/\gamma_{L_{it}}$。

67

4.2.2 包含要素价格扭曲的技术进步偏向指数

由式（4-1）可得出第 i 个行业的资本劳动边际产出比：

$$H_{it} = \frac{\partial Y_{it}/\partial K_{it}}{\partial Y_{it}/\partial L_{it}} = \frac{\theta_i}{1 - \theta_i}\left(\frac{B_{it}}{A_{it}}\right)^{\frac{\sigma_i - 1}{\sigma_i}}\left(\frac{L_{it}}{K_{it}}\right)^{\frac{1}{\sigma_i}} \tag{4-11}$$

借鉴戴天仕和徐现祥（2010）根据阿西莫格鲁（2002）对技术进步偏向的定义，以技术进步偏向指数（Bias）表示技术进步引致的资本劳动产出比的变化率，其表达式如下：

$$Bias_{it} = \frac{1}{H_{it}}\frac{dH_{it}}{d(B_{it}/A_{it})}\frac{d(B_{it}/A_{it})}{dt} = \frac{\sigma_i - 1}{\sigma_i}\frac{A_{it}}{B_{it}}\frac{d(B_{it}/A_{it})}{dt} \tag{4-12}$$

在以往关于技术进步偏向的研究中，多数文献直接假定资本和劳动要素按其边际产出获得报酬，如果市场是完全竞争的，那么 H_{it} 可以直接等于资本和劳动的要素价格比，即：

$$\frac{P_{K,t}}{P_{L,t}} = \frac{\partial Y_{it}/\partial K_{it}}{\partial Y_{it}/\partial L_{it}} = \frac{\theta_i}{1 - \theta_i}\left(\frac{B_{it}}{A_{it}}\right)^{\frac{\sigma_i - 1}{\sigma_i}}\left(\frac{L_{it}}{K_{it}}\right)^{\frac{1}{\sigma_i}} \tag{4-13}$$

其中 $p_{K,t}$ 和 $p_{L,t}$ 是完全竞争条件下行业 i 两种要素的价格水平。但如前文所述，现实中的要素市场往往是不完全竞争的，厂商面临资本和劳动的价格扭曲，因此要考虑由价格扭曲导致的要素实际价格与其边际产出的偏离，也由此得以将要素价格扭曲与要素生产效率、进而与技术进步偏向联系起来。前面定义了厂商面临扭曲条件下的资本和劳动价格 $(1 + \tau_{Ki})p_{K,t} = r_{it}$ 和 $(1 + \tau_{Li})p_{L,t} = w_{it}$，将其与式（4-13）代入式（4-1）得：

$$Y_{it} = \left[(1 - \theta_i)(A_{it}L_{it})^{\frac{\sigma_i - 1}{\sigma_i}} + \theta_i\left(\frac{1 - \theta_i}{\theta_i}\frac{(1 + \tau_{Li})}{(1 + \tau_{Ki})}\frac{r_{it}K_{it}}{w_{it}L_{it}}\right)(A_{it}L_{it})^{\frac{\sigma_i - 1}{\sigma_i}}\right]^{\frac{\sigma_i}{\sigma_i - 1}} \tag{4-14}$$

其中 r_{it} 和 w_{it} 是厂商面临的资本和劳动要素的实际价格，分别以资本租赁价格与劳动者平均工资表示。由式（4-14）解得劳动效率与资本效率分别为：

$$A_{it} = \frac{Y_{it}}{L_{it}}\left[\frac{1}{1 - \theta_i}\frac{(1 + \tau_{Ki})w_{it}L_{it}}{(1 + \tau_{Ki})w_{it}L_{it} + (1 + \tau_{Li})r_{it}K_{it}}\right]^{\frac{\sigma_i}{\sigma_i - 1}} \tag{4-15}$$

$$B_{it} = \frac{Y_{it}}{K_{it}} \left[\frac{1}{\theta_i} \frac{(1+\tau_{Li}) r_{it} K_{it}}{(1+\tau_{Ki}) w_{it} L_{it} + (1+\tau_{Li}) r_{it} K_{it}} \right]^{\frac{\sigma_i}{\sigma_i - 1}} \qquad (4-16)$$

从式（4-15）与式（4-16）可以看到，资本价格扭曲越严重（即资本租赁价格相对于其边际产出的偏离越大），劳动的产出效率就会降低；劳动价格扭曲程度越高，资本的产出效率就会降低。技术进步的偏向程度取决于两种要素产出效率的相对变化情况。

4.2.3　要素价格扭曲与技术进步偏向对制造业国际竞争力的作用机制

生产要素价格扭曲对制造业国际竞争力的影响是多方面的，不仅包含直接影响，还会通过影响技术进步偏向产生间接影响，下面我们分别加以分析。直接影响可以分为正向和负向影响两方面：一是由于中国要素市场化机制不够完善，要素价格大多存在负向扭曲，即要素的实际价格低于其边际产出，直接降低了要素使用成本，有利于制造业国际竞争力的提升。二是对于内需动力不足的中国经济，投资拉动和出口导向型发展战略成为制造业发展的重要支撑，而这两种战略都深受要素价格扭曲的影响。投资拉动型发展需要海量资本，而金融市场发育滞后、贷款利率的形成受政府管制，资本要素价格存在严重负向扭曲，且信贷数量也多受到行政性控制，形成投资的重要资金来源。出口导向型发展策略则通过各种优惠政策降低土地、资源、环境等成本，且大量的农村剩余劳动力使得长期以来劳动力工资极低。扭曲的要素成本转化为出口优势并得以不断强化，成为中国制造业迅速崛起的重要动力。

然而要素价格负向扭曲虽为企业节约了成本、增加了利润空间，但同时也严重影响了资源配置效率，而且随着经济发展阶段的演进，这种效率损失越来越严重，甚至成为制约产业转型升级的"绊脚石"。谢和克雷诺（2009）对此进行了开创性研究，他将中国的要素配置效率对其他国家相对比，发现若降低配置效率损失，将大幅度提升中国制造业的全要素生产率。陈永伟和胡伟民（2011）对制造业内部各行业之间要素价格扭曲造成的资源错配程度及其影响进行了研究，发现中国制造业内部各行业之间的资源错配大约造成了15%的潜在产出缺口。这一数字是非常惊人的，充分表明降低资源错配程度对促进制造业发展和转型升级的潜力之大。要素价格扭曲主要通过以下两个路径降低配置效率：一是静态效率损失，影响了市场优胜劣汰机制作用的发挥。生产效率低的企业因要素价格扭曲、成本较低而获得超额利润，挤占了高效率企业的市场和资源，从而降低了制造业整体的生产效率；二是动态效率损失，政策干预引致的要素市场扭曲使部分低效率的企业能借助政策补贴而长期占据市场优势，并阻碍真正高效率竞争者的进入渠道，从而降低经济的配置效率。彼得斯（2012）认为资源配置不当引起的动态效率损失更为严重、是静态时的 4 倍之多，因为这直接关乎企业的研发行为和进入决策。

从以上分析可以看出，一方面，要素价格负向扭曲可能带来成本节约，从而有利于制造业国际竞争力的提升；另一方面，要素价格扭曲将导致配置效率损失，从而对制造业国际竞争力产生不利影响。随着经济的发展，要素价格扭曲带来的成本节约效应正在减弱，而资源配置效率损失却愈渐增强。要素价格扭曲对制造业国际竞争力的直接影响取决于正反两方面影响的合力。

除上述直接效应外，要素价格扭曲还通过与偏向性的技术进步相融合，间接影响制造业国际竞争力。在完善的市场中，一个部门技术的运用与其要素禀赋联系密切，偏向资本的技术进步更适合资本密集型生产部门，而偏向劳动的技术进步更适合劳动密集型行业，而当要素市场存在价格扭曲时，生产部门的技术选择将存在一定偏差。从要素禀赋结构来说，中国是劳动要素相对丰裕的国家，按照比较优势理论推断，中国的技术进步应偏向劳动，而实际上却是偏向资本的，这是要素价格扭曲导致的结果，但符合经济快速发展的需要、是实现本国制造业价值链攀升的必然选择，资本技术密集型行业对保持经济持续增长的作用至关重要。长期以来，国内存贷款利率受到严格管制，资本价格远低于实际价格，加之其他制度性因素的作用、改变了要素禀赋的相对结构，使技术发展呈现较强的资本偏向性特征，最终使中国出口结构实现了由劳动密集型到资本技术密集型的转变，夯实了提升制造业国际竞争力的基础。另外，要素价格存在扭曲，使用高质量生产要素的成本下降，企业既能提升生产效率、提高获利能力，还能通过高质量生产要素配套拉动作用，推动生产技术不断革新、提高产品技术复杂度。中国的技术进步很大程度上依赖于进口相对先进的生产设备来实现，而这些设备的引进和使用在很大程度上需要企业拥有大量资金和专业化技能工人。因此中国的要素价格扭曲催生了资本偏向型的技术进步，成为制造业实现出口技术复杂度升级、跻身高技术复杂度行列的"助推型资源"，从而有利于提升制造业国际竞争力。

综合上述分析，要素价格扭曲可能对制造业国际竞争力产生正向的直接效应、并与资本偏向性技术相融合产生积极的间接影响，但我们对此应有清醒的认识。首先，要素价格扭曲所产生的成本优势，形成的是一种不健康的竞争力，且这种竞争力只在低端产品的价格竞争中有效，在高端制造业中技术才是竞争力的核心，因此要素价格扭曲也在一定程度上将我国制造业锁定在了价值链低端的价格竞争中。其次，价格扭曲通过压低要素价格、降低生产成本、扩大出口规模，实质上将属于本国要素所有者的收入变成了对进口国的转移补贴，这样取得的出口竞争力反而是本国贸易利益的损失。因此，随着我国市场经济体制的不断完善，逐渐纠正和消除要素价格扭曲是不可避免的趋势。纠正价格扭曲将导致要素相对价格及丰裕度相应发生变化，势必会对技术进步偏向产生影响。在此过程中，可以通过适宜技术的选择，降低要素禀赋与技术不匹配产生的负面影响，努力减少成本优势丧失对制造业竞争力的不利冲击；而且还能够抢占技术创新的先机，培育本土企业在战略性新兴产业的技术优势，继而带动制造业发展实现由成本优势向技术优势的根本转型。

4.3　模型设定、估计方法及数据说明

4.3.1　参数估计方法

根据上面分析，为计算资本和劳动生产效率及技术进步偏向指数，需先估计 CES 生产函数中的 σ_i、θ_i、τ_{Ki}、τ_{Li} 等参数。借鉴克勒姆等（2007）提出的标准化系统估计法进行估计，该方法考虑了系统方程间的相关性，显著提高了参数估计的稳健性，在 CES 生产函数估计中应用广泛。首先进行标准化处理，假设 $\dfrac{w_{i0}L_{i0}/(1+\tau_{Li})}{r_{i0}K_{i0}/(1+\tau_{Ki})}=\dfrac{1-\theta_i}{\theta_i}$，将其代入

式（4-15）与式（4-16）可得 $A_{i0} = Y_{i0}/L_{i0}$、$B_{i0} = Y_{i0}/K_{i0}$，其中 Y_{i0}、L_{i0} 等分别表示相应变量的基准值，将该结果代入生产函数式（4-1），可得：

$$\frac{Y_{it}}{Y_{i0}} = \left[(1-\theta_i) \left(\frac{A_{it}L_{it}}{A_{i0}L_{i0}} \right)^{\frac{\sigma_i-1}{\sigma_i}} + \theta_i \left(\frac{B_{it}K_{it}}{B_{i0}K_{i0}} \right)^{\frac{\sigma_i-1}{\sigma_i}} \right]^{\frac{\sigma_i}{\sigma_i-1}} \qquad (4-17)$$

劳动与资本收入占产出的比重可分别表示为如下等式：

$$\frac{w_{it}L_{it}}{Y_{it}} = (1+\tau_{Li})\frac{\partial Y_{it}}{\partial L_{it}}\frac{L_{it}}{Y_{it}} = (1-\theta_i)(1+\tau_{Li}) \left(\frac{Y_{it}/Y_{i0}}{L_{it}/L_{i0}} \right)^{\frac{1-\sigma_i}{\sigma_i}} \left(\frac{A_{it}}{A_{i0}} \right)^{\frac{\sigma_i-1}{\sigma_i}}$$

$$(4-18)$$

$$\frac{r_{it}K_{it}}{Y_{it}} = (1+\tau_{Ki})\frac{\partial Y_{it}}{\partial K_{it}}\frac{K_{it}}{Y_{it}} = \theta_i(1+\tau_{Ki}) \left(\frac{Y_{it}/Y_{i0}}{K_{it}/K_{i0}} \right)^{\frac{1-\sigma_i}{\sigma_i}} \left(\frac{B_{it}}{B_{i0}} \right)^{\frac{\sigma_i-1}{\sigma_i}}$$

$$(4-19)$$

假设劳动和资本技术效率呈指数型增加，则有 $A_{it} = A_{i0}e^{a_i(t-t_0)}$、$B_{it} = B_{i0}e^{b_i(t-t_0)}$。根据克勒姆等（2007）的建议，选用各变量的样本均值作为基期值，即 $K_{i0} = \bar{K}_{it}$、$L_{i0} = \bar{L}_{it}$、$t_0 = \bar{t}$。由于 CES 生产函数是非线性的、产出与要素投入的初始值关系并不确定，因此引入规模因子，令 $Y_{i0} = \xi\bar{Y}_{it}$。由于需要对产出、资本和劳动等变量取对数，因此选用相应指标的几何平均数作为基期值。行业 i 的标准化系统为：

$$\ln\left(\frac{Y_{it}}{\bar{Y}_i} \right) = \ln\xi + \frac{\sigma_i}{\sigma_i-1}\ln\left[(1-\theta_i) \left(\frac{L_{it}}{\bar{L}_i}e^{a_i(t-\bar{t})} \right)^{\frac{\sigma_i-1}{\sigma_i}} + \theta_i \left(\frac{K_{it}}{\bar{K}_i}e^{b_i(t-\bar{t})} \right)^{\frac{\sigma_i-1}{\sigma_i}} \right]$$

$$(4-20)$$

$$\ln\left(\frac{w_{it}L_{it}}{Y_{it}} \right) = \ln(1-\theta_i) + \ln(1+\tau_{Li}) + \frac{\sigma_i-1}{\sigma_i}\ln\xi -$$

$$\frac{\sigma_i-1}{\sigma_i}\ln\left(\frac{Y_{it}/\bar{Y}_i}{L_{it}/\bar{L}_i} \right) + \frac{\sigma_i-1}{\sigma_i}a_i(t-\bar{t}) \qquad (4-21)$$

$$\ln\left(\frac{r_{it}K_{it}}{Y_{it}} \right) = \ln\theta_i + \ln(1+\tau_{Ki}) + \frac{\sigma_i-1}{\sigma_i}\ln\xi - \frac{\sigma_i-1}{\sigma_i}\ln\left(\frac{Y_{it}/\bar{Y}_i}{K_{it}/\bar{K}_i} \right) + \frac{\sigma_i-1}{\sigma_i}b_i(t-\bar{t})$$

$$(4-22)$$

对上述非线性系统方程进行估计时，本章采用以往研究中广泛应用的可行广义非线性最小二乘法（FGNLS）进行估计。由于非线性估计对初始值比较敏感，借鉴列昂-莱德斯马等（2010）、戴天仕和徐现祥

（2010）以及陈晓玲和连玉君（2012）等的处理方法，尝试多种初值设定方法，根据全局最优原则找到对数似然值最大的估计结果。确定各参数后，分别代入相应公式，即可得到资本和劳动要素价格绝对扭曲系数、相对扭曲系数以及技术进步偏向指数。

4.3.2　计量模型设定

根据上面得到的要素价格相对扭曲系数和技术进步偏向指数，可以判断我国当前的要素价格扭曲程度以及技术进步方向，但二者如何影响制造业国际竞争力，还需通过计量模型进行深入研究。通过前文分析可知，要素价格扭曲会对制造业国际竞争力产生影响，但亦有研究表明企业的出口竞争力也会反向影响要素价格扭曲（施炳展，冼国明，2012）。因此，我们在解释变量中纳入国际竞争力的滞后一期项，并采用动态面板模型进行估计，以避免可能存在的内生性问题。本章所构建计量模型如下：

$$\text{RCA}_{it} = \alpha_0 + \alpha_1 \text{RCA}_{it-1} + \alpha_2 \text{bias}_{it} + \beta X_{it} + \mu_i + \varepsilon_{it} \qquad (4-23)$$

$$\text{RCA}_{it} = \alpha_0 + \alpha_1 \text{RCA}_{it-1} + \alpha_2 \ln\text{dis}_{it} + \alpha_3 (\ln\text{dis}_{it})^2 + \alpha_4 \text{bias1}_{it}$$
$$+ \alpha_5 \text{disb}_{it} + \beta X_{it} + \mu_i + \varepsilon_{it} \qquad (4-24)$$

$$\text{RCA}_{it} = \alpha_0 + \alpha_1 \text{RCA}_{it-1} + \alpha_2 \ln\text{disk}_{it} + \alpha_3 (\ln\text{disk}_{it})^2 + \alpha_4 \ln\text{disl}_{it} + \alpha_5 (\ln\text{disl}_{it})^2$$
$$+ \alpha_6 \text{bias1}_{it} + \alpha_7 \text{diskb}_{it} + \alpha_8 \text{dislb}_{it} + \beta X_{it} + \mu_i + \varepsilon_{it} \qquad (4-25)$$

式（4-25）中，X 为控制变量集，$X_{it} = \beta_1 \ln\text{RD}_{it-1} + \beta_2 \ln\text{ER}_{it-1} + \beta_3 \ln\text{FDI}_{it-1}$。i 和 t 分别表示行业和时间，$\mu_i$ 表示行业个体效应，ε_{it} 代表随机扰动项。

RCA 指数表示制造业国际竞争力，它是国际竞争力研究中应用较为广泛的测度方法。此处需要说明的是，本章并没有将前文测算的制造业国际竞争力综合评价指数代表制造业国际竞争力作为被解释变量，而是选择了应用较为广泛的 RCA 指数作为替代变量，进行实证分析。主要因为在前文制造业国际竞争力综合指数的评价指标中，已包含要素价格扭曲的因素，若以综合指数为被解释变量，要素价格扭曲为解释变量，可能存在内生性和自相关的问题，影响实证结果的可靠性；而 RCA 指数不单表示量的优势，更重要的是可以反映行业竞争力质的水平，与第3章构建的 FRIT 框架指标体系有相通之处。而且 RCA 指数的应用比较广泛，这样本章的实证结果与其他研究就有了可相互比较的基础，因此在本章及后续几章的实证中，均以 RCA 指数作为制造业国际竞争力的代理变量进行研究。

式（4－23）将技术进步偏向指数作为主要解释变量，后文将依次测算出加入要素价格扭曲和不加入要素价格扭曲两种情形下的技术进步偏向指数计算结果（即 bias1 和 bias2），用以检验不考虑要素价格扭曲时的 bias 指数差异。式（4－24）进一步纳入了总要素价格扭曲 dis、考虑要素价格扭曲的技术进步偏向指数 bias1，并加入要素价格扭曲与技术进步偏向指数的交乘项 disb，以检验要素价格扭曲通过技术进步偏向对制造业国际竞争力的影响。式（4－25）将资本和劳动的相对扭曲系数 disk 和 disl 及其二次项、两者与技术进步偏向的交乘项 diskb 和 dislb 同时放入模型，区分不同要素的价格扭曲以检验其对制造业国际竞争力作用效果的异同。为控制其他变量对制造业国际竞争力的影响，我们选择 R&D 投入、环境规制强度（ER）和外商直接投资（FDI）作为控制变量，同时为降低异方差和内生性的影响，将控制变量取对数并滞后一期加入模型。

内生性问题使得混合 OLS 和固定效应估计量都是有偏的，为此在对制造业整体进行检验时，本章采用系统 GMM 方法进行估计。该方法的一个关键假设是，模型中的残差项不存在序列相关，但进行差分处理后一般会产生一阶自相关，所以若差分后残差项只存在一阶自相关而不存在二阶自相关，则表明这一假设是合理的，后文中给出了相应 AR（2）统计量的 P 值用以判断是否存在二阶自相关；动态面板还需要检验工具变量的选择是否合理，本章同时给出了 Sargan 统计量的 P 值，用以判断工具变量选择的合理性。考虑到要素价格扭曲和技术进步偏向性对不同要素密集型行业的影响可能有差异，所以除对制造业整体进行实证分析外，还区分了劳动密集型和资本技术密集型行业进行实证检验，以期更准确地量化两者对制造业国际竞争力的影响。

4.3.3 变量说明与数据来源

采用式（4－20）至式（4－22）估算生产函数的过程中，各相关变量的定义如下：产出（Y）为制造业细分行业的工业增加值，以工业生产者出厂价格指数进行调整；资本存量（K）借鉴陈诗一（2011）的计算方法，以 1994 年固定资产净值为初始资本存量，以固定资产投资价格指数进行调整，劳动力数量以分行业的年均就业人数表示，资本价格则以韩国高等（2011）所使用的资本租赁价格来表示。工资水平在 2003 年之前用分行业的平均劳动报酬表示，以居民消费价格进行平减，2003 年后数据以分行业的实际年平均工资表示。

　　在对式（4 - 23）至式（4 - 25）进行计量分析时，RCA 指数用行业出口值占总出口比重与世界上该行业出口值占总出口的比重表示。技术进步偏向指数分为 bias1 和 bias2，bias1 为考虑要素价格扭曲的基础上测算的技术进步偏向指数，而 bias2 则是不考虑要素价格扭曲的计算结果。要素价格相对扭曲指数 dis、disk、disl 分别根据前文的计算公式整理得出并取对数。控制变量中，技术创新（RD）用行业科研经费内部支出表示，技术创新是提升制造业国际竞争力的根本动力，预期该系数为正。环境规制强度（ER）则借鉴董敏杰等（2011）的衡量方法，用行业废水废气的本年运行费用及行业污染治理投资之和与行业总产值的比值表示。环境规制已成为影响制造业国际竞争力的重要因素之一，围绕"波特假说"以及"污染避难所"的大量文献充分说明了环境规制的重要性，所以在控制变量中引入该项是必要的。FDI 用分行业实收资本中的港澳台资本和外商资本之和表示。FDI 流入通常伴随先进生产和管理技术的外溢，有利于国际竞争力的提升。

　　以上数据主要来源于《中国统计年鉴》《中国工业统计年鉴》《中国劳动统计年鉴》《中国科技统计年鉴》《中国环境统计年鉴》以及联合国商品与贸易统计数据库。我国制造业行业分类主要依据国家标准产业分类法，与联合国的出口统计数据库的产业分类标准不尽相同，在此采用盛斌（2002）的分类方法进行转换处理。在进行分行业 CES 生产函数系统估计时，选择 1995 ~ 2015 年数据进行估计以增加系数估计的稳健性。在后文对制造业国际竞争力进行实证分析时，由于缺失环境规制和外商直接投资 2003 年以前的分行业数据，因此以 2003 ~ 2015 年的制造业分行业面板数据为样本进行计量分析。

4.4 参数估计及测算结果

在本部分我们将估计 CES 生产函数的各项参数，在此基础上计算要素价格的绝对和相对扭曲系数以及技术进步偏向指数，并进行分析说明。

4.4.1 生产函数参数估计

表 4 - 1 是由标准化系统方程法得到的 1995 ~ 2015 年中国制造业细分行业参数估计结果[①]，分别列出了各行业 ξ、σ、θ、τ_L 和 τ_K 的估计值及显著性水平。从中可知，规模因子 ξ 非常接近 1；资本密集度 θ 的均值为 0.668，与资本的产出份额相近；τ_L、τ_K 分别是劳动和资本要素的"扭曲税"，均值都为负，说明多数行业面临劳动和资本要素价格的负向扭曲。由于本章主要研究要素价格扭曲及技术进步偏向性，从已有的研究成果可看出，资本—劳动的要素替代弹性 σ 是影响研究结论的关键因素，所以下面着重分析表 4 - 1 中的 σ 参数。

表 4 -1 　　　　　　　　中国制造业分行业参数估算结果

行业	ξ	σ	θ	τ_L	τ_K
13	1. 035 *** (14. 75)	0. 757 *** (17. 17)	0. 688 *** (8. 63)	- 0. 516 *** (- 3. 98)	- 0. 861 *** (- 31. 47)

---

①　本书使用行业代码对应的行业如下：农副产品制造业（13）；食品加工业（14）；饮料制造业（15）；烟草制造业（16）；纺织业（17）；纺织服装、鞋帽制造业（18）；皮革、皮毛、羽毛及其制品业（19）；木材加工及木竹藤棕草制品业（20）；家具制造业（21）；造纸及纸制品业（22）；印刷业和记录媒介的复制工业（23）；文教体育用品制造业（24）；石油加工、炼焦及核燃料加工业（25）；化学原料及化学制品制造业（26）；医药制造业（27）；化学纤维制造业（28）；橡胶和塑料制造业（29）；非金属矿物制品业（31）；黑色金属冶炼及压延加工业（32）；有色金属冶炼及压延加工业（33）；金属制品业（34）；通用设备制造业（35）；专用设备制造业（36）；交通运输设备制造业（37）；电器机械及器材制造业（38）；通信设备、计算机及电子设备制造业（39）；仪器仪表及文化、办公用机械制造业（40）。

行业	ξ	σ	θ	τ_L	τ_K
14	1.297 *** (13.56)	1.150 *** (18.67)	0.802 *** (4.30)	−0.162 (−0.20)	−0.861 *** (−31.47)
15	1.138 *** (12.36)	1.184 *** (11.73)	0.824 *** (4.69)	−0.276 (−0.38)	−0.825 *** (−19.86)
16	0.973 *** (3.07)	0.714 *** (52.57)	0.347 *** (9.00)	−0.936 *** (−41.73)	−0.887 *** (−19.73)
17	0.606 *** (9.17)	0.936 *** (29.20)	0.104 (1.75)	−0.775 *** (−55.46)	−0.523 (−1.82)
18	1.083 *** (15.56)	0.796 *** (28.75)	0.487 *** (3.47)	−0.380 * (−2.20)	−0.772 *** (−11.19)
19	1.099 *** (12.38)	0.781 *** (25.20)	0.727 *** (6.42)	0.185 (0.38)	−0.876 *** (−40.19)
20	1.074 *** (15.36)	1.195 *** (16.14)	0.520 *** (5.21)	−0.763 *** (−14.38)	−0.795 *** (−17.64)
21	1.064 *** (12.58)	0.812 *** (24.39)	0.857 *** (15.94)	1.069 (1.34)	−0.831 *** (−49.97)
22	0.9393 *** (18.93)	0.7524 *** (8.17)	0.8572 *** (11.94)	−0.8192 *** (−6.11)	−0.8309 *** (−34.77)
23	1.299 *** (15.51)	1.201 *** (11.62)	0.714 *** (4.49)	−0.367 (−1.02)	−0.770 *** (−12.95)
24	0.998 *** (12.64)	0.419 *** (4.10)	0.769 *** (7.32)	−0.735 (−1.95)	−0.897 *** (−45.78)
25	1.007 *** (24.66)	0.726 *** (27.26)	0.429 *** (13.22)	−0.623 *** (−23.82)	0.146 (0.70)
26	1.028 *** (14.34)	0.580 *** (4.32)	0.847 *** (9.90)	0.0792 (0.05)	−0.796 *** (−16.37)
27	1.258 *** (15.57)	1.205 *** (16.64)	0.678 *** (3.84)	−0.593 *** (−2.66)	−0.828 *** (−17.60)
28	0.960 *** (11.40)	1.038 *** (54.09)	0.730 * (2.19)	−0.636 (−1.41)	−0.826 *** (−10.16)

行业	ξ	σ	θ	τ_L	τ_K
29	1.067 *** (20.24)	0.697 *** (14.51)	0.865 *** (15.57)	3.589 (1.88)	−0.534 *** (−8.71)
31	0.929 *** (11.42)	0.622 *** (6.53)	0.738 *** (11.42)	−0.327 (−0.43)	−0.709 *** (−14.69)
32	1.121 *** (8.75)	0.669 *** (9.00)	0.817 *** (20.38)	−0.696 *** (−4.57)	−0.708 *** (−14.40)
33	1.015 *** (11.89)	0.609 *** (6.47)	0.802 *** (11.64)	−0.548 (−1.26)	−0.810 *** (−29.98)
34	1.297 *** (12.75)	1.190 *** (10.03)	0.819 *** (4.56)	0.0513 (0.05)	−0.842 *** (−21.95)
35	1.000 *** (7.63)	0.982 *** (38.13)	0.710 (1.95)	−0.112 (−0.10)	−0.803 *** (−7.63)
36	1.617 *** (8.93)	0.463 *** (3.38)	0.844 *** (5.15)	−0.838 *** (−3.28)	−0.572 *** (−3.84)
37	1.549 *** (14.32)	1.143 *** (33.88)	0.195 *** (5.72)	−0.772 *** (−72.96)	−0.410 ** (−3.00)
38	1.232 *** (14.79)	1.382 *** (12.86)	0.535 *** (5.56)	−0.617 *** (−8.27)	−0.824 *** (−19.52)
39	1.311 *** (15.24)	3.554 *** (5.00)	0.812 *** (19.10)	−0.497 *** (−4.81)	−0.904 *** (−52.50)
40	1.076 *** (5.75)	0.911 *** (8.89)	0.519 * (2.39)	−0.506 (−1.80)	−0.892 *** (−17.38)

注：*、**、***分别表示在10%、5%和1%水平上显著。括号内为t值。

从表4-1可以看出，样本区间内各行业的 σ 取值位于0.419～3.554的范围内，与陈晓玲和连玉君（2012）、孔宪丽等（2015）测算的要素替代弹性较相近，表明我们的参数估计是合理和可靠的。所有行业的资本劳动替代弹性均值为0.98，略大于戴天仕和徐现祥（2010）采用宏观时间序列数据得到的估算结果0.736，以及陈晓玲和连玉君（2012）采用省际时间序列资料得到的估算结果0.833，参数估计的差异主要是由于以分行业要素替代弹性为研究对象所致，陆菁和刘毅群

（2016）也得出类似结论。工业部门、省域经济与全国经济的最大区别在于经济结构差异，工业部门的资本深化程度明显高于省域经济或全国宏观经济部门，另外我们考虑了要素价格扭曲的影响，也会导致测算结果存在一定差异。中国经济发展具有较强的政府调控特征，投资不仅反映要素价格的变化情况，还受政府调控措施的影响，结果往往反映为要素价格扭曲并刺激资本流向相应领域。这种政策干预使最终的要素投入变动相对于市场价格波动的幅度更大，即替代弹性较大。进一步从行业具体情况进行观察，可以发现不同行业的要素替代弹性差别较大，轻工业或劳动密集型行业的要素替代弹性普遍大于重工业或资本密集型行业。要素替代弹性较大的行业有食品制造业、饮料制造、木材加工业、印刷业、医药制造业、化学纤维业、金属制品业、电气机械业、通信计算机设备制造业等，这些行业的要素替代弹性均大于1，其他行业的要素替代弹性均小于1。各行业要素替代弹性的差异明显，证明了分行业估算要素替代弹性、进而测算技术进步偏向指数的必要性。

4.4.2 要素价格扭曲系数测算

结合前面 τ_L、τ_K 的估计结果，我们根据公式（4-7）测算了各行业资本和劳动要素价格的绝对扭曲系数，如图4-1所示。

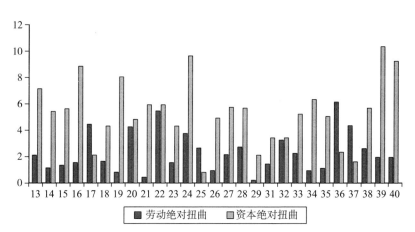

图4-1 分行业要素价格的绝对扭曲系数

资料来源：笔者计算整理。

从测算结果可以看出，资本和劳动要素价格都存在负向扭曲，资本负向扭曲程度高于劳动负向扭曲程度，且不同行业间存在明显差异。改革开放以来，为刺激经济发展，政府长期实行低利率政策，1980～2010年的一年期实际贷款利率平均只有2%，利率管制措施人为压低了投资成本，所以资本价格一直存在负向扭曲。劳动力市场方面，由于我国城乡二元经济结构分化严重，劳动力工资收入被人为压低，因而劳动要素价格同样呈现负向扭曲。但是近年来，外资流入及民营经济的发展使劳动力需求不断提升，同时劳动力素质不断提升，使我国劳动力工资报酬逐年增长，但增速一直低于劳动边际产出的增长幅度，造成劳动价格仍表现出负向扭曲。

对比图4-1中的两种要素价格扭曲可看出，相对于劳动力价格扭曲，制造业各行业的资本价格扭曲更为严重，这与中国优先发展重工业的产业政策有关。中国长期以投资拉动经济增长，刺激企业增加资本投入以促进重工业快速发展，在很大程度上加剧了资本价格的扭曲。对于制造业的要素资源配置扭曲，资本市场起着关键作用。经历了改革开放40年来的高速增长之后，中国经济发展已积累了大量资本、利率市场化进程加快，某些行业出现一定的资本过剩现象，资本价格扭曲或将呈现新的趋势特征。

为考察各细分行业要素价格的相对扭曲水平，我们根据式（4-10）测算了样本区间内资本和劳动要素价格的相对扭曲系数，如表4-2所示。要素绝对价格扭曲衡量的是要素价格水平与其边际产出间的差距，而相对价格扭曲则反映各行业的要素使用价格与整体水平相比具有怎样的特征，体现行业的相对价格信息而非绝对值。以资本为例，若某行业的资本价格相对扭曲系数大于1，说明相对于整个制造业而言，该行业的资本使用成本较低，企业倾向于更多使用资本要素，反之亦然。通过上述分析可知，对于要素的行业间配置，要素价格的相对扭曲更具决定意义，因为如果相对要素价格发生变化，将直接改变行业间的要素配置情况①。

---

① 区分绝对和相对要素价格扭曲基于以下两点考虑：一是理论上，要素市场存在着由宏观因素（如户籍制度、利率管制）和行业异质性原因所产生的扭曲，因而有必要加以区分（陈彦斌等，2015）；二是绝对扭曲只反映某行业在样本年份内的平均价格扭曲情况，相对扭曲则表示相对于经济整体水平而言、不同行业在不同年份的价格扭曲水平，所以后文面板计量分析中选择相对价格扭曲作为价格扭曲的代理变量。

表 4 - 2 分行业要素价格相对扭曲系数

行业	disk	disl	行业	disk	disl	行业	disk	disl
13	0.6861	0.9189	22	0.6830	1.6009	32	1.1793	0.5611
14	2.9665	7.1229	23	4.7463	6.9862	33	0.2286	0.2170
15	3.1892	6.7219	24	0.0020	0.0208	34	2.5961	8.9515
16	0.3203	0.0148	25	3.7489	0.2009	35	2.2721	3.5583
17	4.3787	1.1522	26	0.3701	0.5527	36	0.0284	0.1372
18	0.7552	1.4204	27	2.7993	3.2518	37	9.4687	1.2156
19	0.3762	2.1689	28	2.0576	1.8977	38	4.2880	3.8256
20	4.4715	3.4247	29	1.1027	4.8806	39	5.0443	1.8265
21	0.4904	3.8151	31	0.8616	0.7157	40	0.7781	1.2404

资料来源：笔者计算整理。

由表 4 - 2 可知，各行业的资本和劳动相对扭曲水平差异很大，资本价格的相对扭曲程度要小于劳动力价格的相对扭曲程度，这可能是由于资本要素的相对流动性更强，若各行业间资本价格扭曲差异较大，资本就会从绝对负向扭曲严重的行业流向其他行业，从而弱化资本扭曲的行业差异。劳动力的异质性特征更明显，不同行业对劳动者的差异化技能需求造成其流动性较差，对劳动力技能要求较高的行业的劳动要素价格扭曲较小，但是低技能劳动力很难进入这些行业，所以劳动要素相对价格扭曲的行业差异较大。因此，相对价格扭曲更能反映行业间的要素成本差异。

4.4.3 技术进步偏向指数测算

在对 CES 生产函数参数估计的基础上，通过计算资本和劳动要素生产效率，本章进一步根据式（4 - 12）测算了样本区间内中国制造业分行业技术进步偏向指数的均值，详见表 4 - 3。从前面分析中可知，以往研究忽略了要素价格扭曲的影响，直接将要素收入份额作为边际产出来测算技术进步偏向，其估计结果可能是有偏的。因此我们在表 4 - 3 中分别给出了考虑价格扭曲和不考虑价格扭曲两种情形下的技术进步偏向指数、即 bias1 和 bias2，并进行对比分析以说明考虑要素价格扭曲的必要性。

表4-3　　　　　　　　　技术进步偏向指数的行业均值

行业	bias1	bias2	行业	bias1	bias2	行业	bias1	bias2
13	0.3562	0.0476	22	1.1317	0.0713	32	0.2631	1.657
14	−0.3253	−0.0110	23	−0.5669	−0.0553	33	0.3161	0.0999
15	−0.5590	−0.0123	24	0.3064	1.4391	34	−0.5442	−0.0181
16	0.2356	0.0474	25	0.6506	2.5411	35	0.6436	0.0008
17	1.0804	0.0045	26	0.3441	0.2089	36	0.0148	0.0163
18	0.6304	0.2487	27	−0.5648	−0.0144	37	−1.0077	−0.7129
19	0.4863	0.0248	28	−0.9493	−0.0019	38	−0.2613	−0.0485
20	−0.5736	−0.0497	29	0.6657	1.0971	39	−0.3565	−0.0251
21	0.3354	1.7462	31	0.3211	0.1046	40	1.1601	0.0270

资料来源：笔者计算整理。

　　由表4-3可知，整体来看中国技术进步的资本偏向性更为明显，对资本的边际产出提升作用更强。将橡胶和塑料合为一个行业后，制造业包括27个细分行业，其中17个行业的技术进步是资本偏向型，10个行业是劳动偏向型。戴天仕和徐现祥（2010）利用时间序列数据研究测算了中国的总体技术进步方向、陈晓玲和连玉君（2012）测算了各地区的技术进步方向，均得出了技术进步大体偏向资本的结论，说明本章的测算结果是可靠的。

　　国外学者通过构建技术进步偏向的理论模型进行研究，并进行了大量实证检验，认为要素相对价格、要素密集度以及市场规模是决定技术进步偏向的关键因素，因此发达国家通常表现出资本偏向型的技术进步特征。但通过本章的测算可以看出，虽然中国的资源禀赋与发达国家存在较大差距，但技术进步也是偏向资本的，对其成因的分析存在多种观点。阿西莫格鲁（2002，2003）引致技术进步观点认为，技术进步蕴藏于要素积累过程、并受要素供给变化的影响，若资本积累速度快于劳动，那么提升资本的边际产出更为有利，因此技术进步将更偏向资本。甘奇和齐利波蒂（2009）而跨国技术扩散理论则认为，发展中国家可以通过模仿发达国家成熟的资本偏向型技术、降低研发成本和风险，实现短期内技术水平的大幅提升。在全球一体化背景下，许多发展中国家以此来发展本国技术，因而其技术进步同样表现出资本偏向型特征。

　　以上是两种被广泛认可的理论，但就解释中国制造业技术进步的方向而言，生产要素价格扭曲也是一个不可忽视的原因。偏向于提升更为丰裕要素边际产出的技术进步能创造更多的价值，发达国家积累的资本存量规模远大于其劳动数量，因而其技术进步是偏向资本的。从中国经济的发展历程看，各级地方政府长期对产业发展布局与要素资源配置进行行政干预，导致资本要素价格存在明显的负向扭曲，人为压低的资本价格使经济得以迅速发展、积累了大量资本，造成中国的技术进步总体上也呈现出明显的资本偏向。此外，还有 10 个行业的技术进步偏向劳动，通过与表 4 - 2 的要素相对扭曲系数对比发现，这些行业的劳动价格扭曲更为严重，使企业出于成本考虑、倾向于更多使用劳动要素。通过上述分析可以看出，技术进步偏向与要素价格扭曲之间存在明显的内在联系，为准确计算技术进步偏向系数并考察其与制造业国际竞争力的关系，需要重点考虑要素价格扭曲的影响。

4.5　实证结果及分析

　　通过比较两种情形下的技术进步偏向指数可以发现，行业技术进步偏向指数均值的方向一致但偏向程度有显著差异：若不考虑要素价格扭曲，会明显低估技术进步的偏向程度，不能准确反映技术进步的真实水平。那么，要素价格扭曲造成的技术进步偏向性差异对制造业国际竞争力的影响又会有怎样的偏差呢？我们通过动态面板模型对此进行检验，回归结果见表 4 - 4。AR（2）统计量显著拒绝存在二阶自相关的原假设，Sargan 统计量的 P 值则表明模型的工具变量选择合理、不存在过度识别，因此动态面板估计是有效的。

表 4 - 4　　bias1 和 bias2 对制造业国际竞争力影响的差异

变量	bias1		bias2	
L. RCA	0.919 ***	(98.37)	0.929 ***	(147.58)
bias	0.00427 ***	(9.02)	- 0.00880 ***	(- 8.46)

变量	bias1		bias2	
LRD	0.0326 ***	(8.80)	0.0328 ***	(12.59)
LER	0.0183 ***	(7.76)	0.0156 ***	(9.07)
LFDI	0.00400 ***	(3.44)	0.00469 ***	(4.57)
N	324		324	
AR (2) P 值	0.790		0.893	
Sargan P 值	0.777		0.232	

注: *** 分别表示在1%水平上显著; 括号内为 t 值; AR (2) P 值为进行二阶序列相关检验得到的 P 值; Sargan P 值表示对工具变量进行过度识别检验得到的 Sargan 统计量对应的 P 值。

从表 4-4 可以看出, 在控制其他变量的条件下, bias1 的回归系数为 0.00427、bias2 的系数为 -0.0088 且均在 1% 的水平上显著。因此, 两种技术进步偏向对竞争力的影响方向截然相反, 若不考虑要素价格扭曲对测算技术进步偏向指数的影响, 则实证分析可能得出错误结论, 不能为相应对策研究提供正确的理论依据。考虑要素价格扭曲后的技术进步偏向指数能够准确反映资本和劳动产出效率的变化, 资本偏向型技术进步对制造业国际竞争力有显著正向影响。从要素相对禀赋结构来看, 中国是劳动要素丰裕而资本相对缺乏的国家, 但偏向资本的技术进步提高了资本使用效率, 有利于制造业国际竞争力的提升。但从前文对两种技术进步指数的分析可以看出, 若忽略要素价格扭曲的作用, 假设要素边际报酬与其实际价格相等, 则会明显低估偏向性技术进步对生产效率的激励作用, 从而对制造业国际竞争力表现为负向影响。由此可以看出, 在考虑要素价格扭曲的前提下研究技术进步偏向性更为准确, 也更符合经济实际, 因此后续实证分析均以 bias1 为基础进行。

表 4-5 为制造业整体层面上, 要素价格扭曲对制造业国际竞争力的直接影响, 以及通过技术进步偏向性所产生间接影响的实证分析结果。模型 (1) 和模型 (2) 为分别加入整体及资本和劳动要素价格扭曲的回归结果, 用以检验三种价格扭曲对制造业竞争力的差异性影响。模型 (3) 和模型 (4) 纳入了技术进步偏向指数及其与要素价格扭曲的交乘项, 以考察整体要素价格扭曲通过技术进步偏向对制造业国际竞争力的影响程度。模型 (5) 和模型 (6) 进一步加入要素价格扭曲的

二次项，检验其与制造业国际竞争力的非线性关系。

表 4-5　　制造业整体要素价格扭曲和技术进步偏向对国际竞争力的影响

变量	模型（1）	模型（2）	模型（3）	模型（4）	模型（5）	模型（6）
L. RCA	0.845 *** (100.34)	0.872 *** (96.37)	0.868 *** (51.39)	0.863 *** (80.15)	0.856 *** (40.75)	0.796 *** (15.94)
ln_dis	0.0402 *** (13.32)		0.0331 *** (4.74)		0.0268 ** (2.39)	
ln_dis2					0.00657 *** (5.30)	
ln_disk		0.0213 ** (2.53)		0.0261 ** (2.29)		0.0582 *** (3.30)
ln_disl		-0.0377 *** (-5.77)		-0.0391 *** (-6.52)		-0.0785 *** (-3.35)
bias1			0.00428 *** (6.23)	0.00343 *** (3.67)	0.00370 *** (4.79)	0.00298 *** (3.80)
disb			0.00292 *** (4.41)		0.00213 *** (3.41)	
diskb				0.00307 *** (2.87)		0.00249 ** (2.23)
dislb				-0.00178 (-1.57)		-0.000862 (-0.84)
ln_disl2						-0.0140 * (-1.92)
ln_disk2						0.00688 * (1.89)
LRD	0.0129 *** (3.15)	0.0153 *** (5.07)	0.0156 *** (3.42)	0.0133 *** (2.80)	0.0155 ** (2.48)	0.0129 ** (1.96)
LER	0.0150 *** (4.83)	0.0108 *** (5.25)	0.0130 *** (4.54)	0.0125 *** (3.51)	0.0155 *** (5.06)	0.0179 *** (3.29)
LFDI	0.00228 ** (1.53)	0.00316 ** (2.42)	0.00529 *** (4.09)	0.00425 *** (2.58)	0.00435 *** (2.75)	0.00339 * (1.72)

变量	模型（1）	模型（2）	模型（3）	模型（4）	模型（5）	模型（6）
_cons	0.0438 （1.14）	− 0.0512 （− 1.33）	− 0.0488 （− 0.85）	− 0.00943 （− 0.17）	− 0.0255 （− 0.29）	0.148 （1.15）
N	324	324	324	324	324	324
AR（2）	0.859	0.878	0.843	0.831	0.829	0.795
Sargan	0.785	0.345	0.216	0.403	0.272	0.815

注：*、**、*** 分别表示在10%、5%和1%水平上显著；括号内为 t 值；AR（2）P 值为进行二阶序列相关检验得到的 P 值；Sargan P 值表示对工具变量进行过度识别检验得到的 Sargan 统计量对应的 P 值。

从表4-5可以看出，整体要素价格相对扭曲系数对制造业国际竞争力影响的一次项系数均显著为正，二次项系数也在1%水平上显著为正，说明要素价格整体扭曲对制造业国际竞争力的影响表现为 U 形，拐点对应的相对扭曲值为 0.1302。在经济发展之初，劳动密集型行业发展更为迅速，劳动力价格扭曲较强，低成本优势有利于制造业发展；而当整体相对扭曲逐渐增强时，说明资本价格扭曲更严重、劳动力价格扭曲相对减弱，这与中国经济的发展事实相一致。随着人口红利减少与劳动力素质提高，我国的劳动力工资逐渐提高，而与此同时国内经济发展积累了大量资本，投资成本与资产价格一直维持较低水平，仍有利于整体制造业国际竞争力的提升。

进一步比较模型（2）和模型（6）的回归结果，可以看出不同要素价格的相对扭曲对制造业国际竞争力的影响有较大差异。从模型（6）的回归结果可以看出，资本价格扭曲对竞争力的影响表现为 U 形，而劳动力价格扭曲的影响则表现为倒 U 形且系数均比较显著，这与要素整体扭曲的影响具有一致性。样本区间内资本与劳动扭曲的多数取值已位于拐点右侧，资本价格扭曲的增强有助于制造业竞争力提升，而劳动要素价格扭曲却对竞争力有显著负向影响。整体扭曲系数表现为正向影响，说明资本价格相对扭曲对竞争力的促进作用大于劳动力价格扭曲的不利影响。勃兰特等（2013）认为对资本要素而言，价格相对扭曲意味着企业能够以较低价格获得质量较高的生产要素、如先进的生产设备等，因此，不仅有助于节约成本还能利用生产效率更高的资本设备，对制造业竞争力的提升作用显著；相反地，劳动要素的相对扭曲虽然也能够节约成本，但却不利于提高劳动者的工作积极性和生产效率，突出表现在近年来中国对外贸易规模虽不断扩大，但劳动者收入却没有随之增加反而趋于下降（陆菁、刘毅群，2016），严重影响了劳动者的生产积极性，使劳动要素价格扭曲对制造业国际竞争力总体上表现出负向影响。

模型（3）和模型（4）纳入了要素价格扭曲和技术进步偏向的交乘项，以检验要素价格扭曲通过技术进步偏向对制造业国际竞争力的间接效应。通过表4-5可以看出，整体价格扭曲及资本相对扭曲与技术进步偏向的交乘项回归系数均显著为正。罗德里克（2006）认为就要素禀赋而言，中国属于劳动充裕型国家，但从现实层面看，受资本价格扭曲和资本偏向型技术进步影响，中国资本和技术密集型产品表现出较强的国际竞争力，商品出口结构更倾向于资本技术密集型而不是劳动密集型，出口品技术复杂度也不断提升，与发达国家越来越接近。劳动力价格的扭曲与技术进步偏向指数的交叉项为负但不显著，主要是由于资本偏向型技术进步提高了资本技术效率、相对降低了劳动的技术效率（孔宪丽等，2015），因此要素价格扭曲与偏向资本的技术进步并不吻合、甚至相互掣肘，不利于国际竞争力的提升。

控制变量方面，技术创新投入对制造业国际竞争力具有显著正向影响。大量研究指出，创新研发能够强化企业在全球市场的产品竞争力。增加研发投入不仅能加快消化吸收国外先进技术，更重要的是可以加强基础研究和自主研发、摆脱对外技术依赖，实现竞争力质的飞跃。环境规制对制造业国际竞争力有显著推动作用，说明环境保护与制造业国际竞争力提升可以实现双赢。当前中国面临严峻的环境污染形势，加强环境规制是必然选择。环境规制倒逼企业进行绿色创新和清洁生产，创新补偿效应和先动优势逐渐形成企业新的竞争优势，而且能够规避发达国家的绿色壁垒、增强出口竞争力，成为制造业竞争优势的重要来源。外商直接投资对制造业国际竞争力表现出显著的正向影响。FDI一般伴随着先进技术和管理经验的扩散，会对本土企业产生示范效应和人力资本流动效应。虽然过去30多年来中国推行"以市场换技术、以土地换资本"的外资超国民待遇吸引FDI流入，造成了很多低水平重复引进和重复建设，但不可否认的是，引进外资一定程度上提高了生产效率，有利于制造业国际竞争力的提升。

为考察不同要素密集度行业内价格扭曲和技术进步偏向对制造业国

际竞争力的异质性影响，我们区分了劳动密集型和资本密集型行业分别进行实证分析，回归结果见表4-6。其中，模型（1）和模型（2）依次纳入了整体及资本和劳动要素价格扭曲系数，模型（3）在模型（1）的基础上进一步加入了技术进步偏向指数及要素价格扭曲系数的二次项，以检验其对制造业国际竞争力的非线性影响。

表4-6　分类行业价格扭曲与技术进步偏向对国际竞争力的影响

行业 变量	劳动密集型			资本技术密集型		
	模型（1）	模型（2）	模型（3）	模型（1）	模型（2）	模型（3）
L. RCA	0.569 *** (10.82)	0.481 *** (6.93)	0.486 *** (3.99)	0.284 *** (7.13)	0.274 *** (6.63)	0.423 *** (5.82)
ln_dis	-0.0990 ** (-2.42)		-0.478 *** (-2.58)	0.0180 (0.48)		-0.0839 ** (-2.13)
ln_dis2			-0.0859 ** (-2.25)			0.0241 ** (2.08)
bias1			0.00437 (0.70)			0.0239 *** (5.48)
ln_disk		-0.126 *** (-3.07)			0.0579 * (1.68)	
ln_disl		0.134 * (1.73)			-0.2003 *** (-5.13)	
LRD	0.0402 *** (3.69)	0.0285 * (1.72)	0.0339 ** (2.53)	0.0571 *** (3.99)	0.0630 *** (4.31)	0.0602 ** (2.37)
LER	0.0344 ** (2.36)	0.0267 * (1.74)	0.0125 (0.67)	0.0156 *** (8.58)	0.0135 *** (6.56)	0.0186 *** (2.72)
LFDI	0.0247 * (1.69)	0.0444 ** (2.03)	0.0231 (1.54)	-0.0745 *** (-4.46)	-0.0666 *** (-4.17)	-0.0545 *** (-2.73)
_cons	-0.221 * (-1.87)	-0.187 * (-1.90)	-0.351 ** (-2.25)	0.288 (1.22)	0.0893 (0.30)	-0.00159 (-0.01)
N	132	132	132	165	165	165
AR（2）	0.346	0.378	0.330	0.131	0.124	0.386
Sargan	0.545	0.927	0.882	0.317	0.606	0.382

注：*、**、*** 分别表示在10%、5%和1%水平上显著；括号内为t值；AR（2）P值为进行二阶序列相关检验得到的P值；Sargan P值表示对工具变量进行过度识别检验得到的Sargan统计量对应的P值。

　　由表 4-6 可以看出，不同要素密集度行业中的要素价格相对扭曲对制造业国际竞争力的影响有很大差异。对劳动密集型行业而言，整体要素价格扭曲的一次项、二次项系数均显著为负，说明其对制造业国际竞争力的影响表现为倒 U 形。分要素来看，资本价格扭曲的系数为 -0.126、在 1% 水平上显著为负，而劳动力价格扭曲系数为 0.134 并在 10% 水平上显著，说明相对较低的劳动力价格有利于劳动密集型行业国际竞争力提升，而资本价格扭曲则表现为不利影响。劳动要素在劳动密集型行业生产过程中具有关键作用，对这类企业而言，工资在生产成本中占比较高，所以劳动力价格负向扭曲显著降低了企业生产成本，有利于国际竞争力提升；而资本价格扭曲促使企业更多地使用资本要素，虽然也有助于节约成本，但可能导致资本过度深化、超出资源有效配置范畴，反而不利于提升劳动密集型行业的竞争力。再看此类行业中整体扭曲与国际竞争力的倒 U 形关系：在整体价格扭曲较低，即劳动力价格扭曲相对较高、而资本价格扭曲相对较低时，企业生产成本总体较低且资本与劳动配置合理，有利于制造业国际竞争力提升；当整体要素价格扭曲较高时，资本价格的相对扭曲更严重，劳动力价格相对扭曲程度下降，但资本价格的下降不足以抵消工资的上涨，这既提高了企业整体生产成本，还降低了要素配置效率，从而不利于提升劳动密集型行业竞争力。

　　资本技术密集型行业的要素价格扭曲对制造业国际竞争力的影响则差异明显。要素价格整体扭曲的一次项与二次项系数均在 5% 水平上显著为正，说明资本技术密集型行业的要素价格整体扭曲对国际竞争力表现为 U 形影响。区分不同要素来看，资本价格相对扭曲的系数为 0.0579 且在 10% 水平上显著为正，而劳动力价格扭曲系数为 -0.2003 且在 1% 水平上显著，说明资本技术密集型行业的资本价格相对扭曲越高越有利于提升行业竞争力，而劳动力价格相对扭曲越高反而不利于国际竞争力提升。对于资本技术密集型行业，若资本要素的价格较低，企业倾向于使用更多资本，而这恰好与行业特征相符，可以以相对较低的价格使用质量更高、技术更先进的机器设备，从而显著地提高生产效率。资本密集型行业生产能力的提升得益于先进生产设备的使用，而这个使用过程需要匹配高质量的技能工人或熟练劳动力，因此这些行业的劳动产出效率相对较高。如果工资收入被过度压低，降低劳动者生产积极性，则产出效率损失将远大于因此带来的成本节约，因此劳动力价格扭曲不利于行业国际竞争力的提升。再看整体扭曲的 U 形影响，当资本价格相对扭曲较低、而劳动力价格相对扭曲较高时，不仅资本的使用成本较高，而且劳动生产效率较低，不利于制造业国际竞争力的提升；而当资本价格扭曲增加、劳动力价格扭曲减弱时，资本的使用成本相对降低，且较高的工资收入对劳动者激励作用明显，因此对行业国际竞争力的推动作用明显。

从技术进步偏向的回归结果看，劳动密集型行业的系数为 0.00437，系数较小且不显著；资本技术密集型行业的系数为 0.0239 且在 1% 水平上显著为正。这说明资本偏向型技术进步对资本技术密集型行业的生产效率有显著的正向推动作用，但对劳动密集型行业作用不明显。这是因为在既定的要素禀赋结构下，在与要素禀赋结构相契合的生产部门、技术进步偏向可以使部门生产率得到显著提升，并且偏向程度越大、生产率增长越快。对于资本技术密集型行业，技术进步偏向与部门要素禀赋结构一致，既有利于提升资本劳动产出效率，又提高了资本技术密集型产品质量，因此有利于制造业国际竞争力的提升，且要素价格扭曲已经成为中国企业技术复杂度升级和赶超的"助推型资源"（陈晓华、刘慧，2014）。而在技术进步偏向与禀赋结构相背离的部门，技术进步对生产率的提升将有所损失，并且背离幅度越大，效率损失就越大。近年来由于技术进步多依赖于改进和模仿，导致要素效率提升的劳动节约倾向过于强烈，这也解释了劳动密集型行业的劳动者报酬份额持续下降的主要原因。另外，虽然资本偏向型技术进步对劳动生产效率的提升有所损失，但就生产率绝对水平而言，使用更先进的生产设备仍是有利的。两方面因素的综合作用使资本偏向型技术进步对劳动密集型行业国际竞争力的影响不显著。

4.6 本章小结

本章采用 CES 生产函数将要素价格扭曲与技术进步偏向纳入了统一的逻辑框架，对要素价格扭曲与制造业国际竞争力之间的作用机制进行理论分析。同时，引入"扭曲税"，在竞争均衡条件下定义生产要素价格的绝对扭曲和相对扭曲，研究了价格扭曲与要素生产效率之间的关系，为分析要素价格扭曲对技术进步偏向的影响奠定模型基础。在实证分析中，借助可行广义非线性最小二乘法（FGNLS）对各参数进行估计和测算，包括要素价格的绝对、相对扭曲系数和考虑价格扭曲前提下的技术进步偏向指数。在此基础上，检验了要素价格扭曲对制造业国际竞争力的直接影响，以及通过技术进步偏向对制造业国际竞争力产生的间接影响。实证研究结果表明，制造业各行业的资本和劳动要素价格均存在不同程度的扭曲，资本的绝对价格扭曲程度更高，而劳动的相对价格扭曲更为严重。对技术进步偏向指数的测算表明，整体而言中国的技术进步是偏向资本的，考虑要素价格扭曲时测算出的技术进步偏向更加明显，进一步实证分析表明，在考虑和不考虑要素价格扭曲条件下的技术进步偏向指数对制造业国际竞争力的影响方向是不一致的，这说明在纠正要素价格扭曲的过程中，应该充分考虑到其对技术进步偏向产生的影响。

第5章 生产要素价格上涨对制造业国际竞争力的影响研究

第4章主要考察了要素价格扭曲对制造业国际竞争力的影响及作用机制，虽然到目前为止要素价格扭曲对制造业发展的正向作用仍不可小觑，但现有研究也表明要素价格扭曲导致的要素配置效率损失已到了惊人程度，因此近年来要素市场化改革力度持续加大。而随着要素负向扭曲情况的不断纠正，叠加经济快速发展的需要，对生产要素需求激增，导致要素价格不断上涨，尤其是劳动力成本的上升，给制造业发展带来了很大压力。本章即在这一背景下，研究要素价格上涨对不同要素密集型行业的异质性影响。

本章结构安排如下：5.1节介绍本章的研究背景，对比当前学界关于要素价格上升与制造业国际竞争力关系的研究现状，提出本章研究重点。5.2节整理生产要素价格的相关数据，观察分析近年来要素价格上涨情况；5.3节阐述不同要素价格上涨对制造业国际竞争力影响的理论基础；5.4节构建计量模型，区分制造业整体及不同要素密集型行业分别进行实证检验，研究要素价格上涨对制造业国际竞争力的异质性影响；5.5节是本章小结。

5.1 引　言

自改革开放以来，凭借廉价原材料、劳动力、土地等资源优势，以及初级要素专业化发展的战略优势，使我国经济得以保持多年高速增长，制造业出口扩张迅速，已跃升为第一大制造业出口国，"中国制造"遍及全球，国际竞争力不断提升。但同时，中国企业在国际分工中主要承担劳动密集型、低附加值的生产制造和组装环节，处于"微笑曲线"的底端，竞争力更多地表现为量多而不是质高，凭借的依然是劳动力价格和资源成本优势。近些年来，生产要素特别是劳动力、土地、能源、原材料等价格不断上涨引起社会各界对制造业竞争力丧失的担忧，尤其是伴随我国经济发展步入"新常态"，制造业发展面临新旧问题交错并存的局面（张禹、严兵，2016）。资源和环境约束不断加强，劳动力等生产要素成本不断上升，投资和出口对经济增长的拉动作用明显减弱，以往依靠资源要素投入、规模扩张的粗放型发展方式难以维系，提质增效成为"新常态"下制造业发展的不二选择。制造强国之路是大势所趋，也是被迫之选，开端伊始就需要克服当前面临的严峻形势，而劳动力等生产要素价格的大幅上升，就是摆在制造业发展道路上的显性路障，对生产要素价格上涨与制造业竞争力的关系进行量化分析，是本章的主要研究内容。

对于要素价格上涨与制造业国际竞争力的关系，学术界还存在争论。一些研究表明，生产要素价格上涨不利于中国制造业竞争力提高。要素价格上涨逐步抵消了中国制造的低成本优势，增大了中国制造业的竞争压力。尽管能源、资源等要素价格尚未完全市场化，存在一定程度扭曲，但生产要素价格上涨仍然大幅度提高了生产成本，尤其是劳动力成本上升，使得中国一直以来的低劳动力成本优势不复存在。这阻碍了中国制造业国际竞争力的提高，甚至会直接降低中国制造业的国际竞争力。江静和路瑶（2010）分析了生产要素相对价格上升对我国产业竞争力的影响，研究结果表明，虽然生产要素相对价格上涨对我国产业竞争力的影响存在行业差异，但总体而言对我国产业国际竞争力的不利影响更大一些。另外一些研究则表明，生产要素价格上涨有利于制造业竞争力的提高。虽然要素价格上涨提升了生产成本，但是要素价格市场化水平稳步提高，有利于制造业长远健康发展。长期以来，我国要素市场价格扭曲导致生产要素价格被低估，形成了制造业扭曲的成本竞争优势（黄薇、任若恩，2008），生产要素价格合理上涨，真实地反映了我国生产要素供求状况和要素禀赋比较优势的变化，促使我国制造业转型升级、提质增效。生产要素的可替代性和技术进步的偏向性，可以使技术进步偏向于相对稀缺要素，以缓解该种要素价格上涨的压力，从而由要素价格引起的技术创新带动整个行业的技术水平实现螺旋式提高。许召元和胡翠（2014）在分解投入产出模型的基础上，将原材料价格和工资水平上升对制造业竞争力形成的成本压力，与劳动生产率提高对制造业成本压力的缓解做了比较，结果显示生产效率提高能在相当程度上缓解要素价格上涨对竞争力的不利影响。程承坪等（2012）分析了1980～2008年工资增长对中国制造业国际竞争力的影响，结论表明工资增长对中国制造业国际竞争力有正向影响，且在短期内这种影响很显著，在长期则稳定在均衡水平上。

综上所述，既有研究两分法现象明显，研究结论不确切，分析比较笼统。本章主要从以下两个方面入手展开研究。一是综合考虑两个方面的影响，加入主要解释变量的二次项，从长期考察生产要素价格上涨对制造业国际竞争力影响的变化情况。二是从制造业整体、劳动密集型制造业、资本技术密集型制造业三个方面量化分析生产要素价格上涨对制造业国际竞争力的影响，以便为不同行业应对生产要素价格上涨提供科学合理的政策建议。

94

5.2　生产要素价格上涨的经验观察

劳动、资本、原材料和土地是最重要也是最具代表性的生产投入要素。由于我国的土地所有权具有特殊性，在此不考虑土地价格上涨的问题。本章主要考察原材料、劳动、资本三要素的价格上涨问题，分别以工业生产者购进价格指数、城镇职工实际工资价格指数、固定资产投资价格指数表示。图5－1是三者波动上涨水平折线图，更能直观地体现三者的上涨幅度。

由图5－1可以看出，三类指数中上涨速度最快的是实际工资价格指数，以1995年为基期，1996年的实际工资价格水平是100.3，到2013年该值上涨到了626.5，十几年时间内实际工资价格水平指数上涨了六倍之多，年均增长率在10%左右，充分显示我国制造业劳动者工资水平上涨之快。表5－1是1990年以来的制造业城镇职工年均实际工资，1990年人均2073元，2002年突破万元，到2013年上涨到了46431元。我国劳动力成本上升明显，这虽大大提高了人们的生活水平，但同时也使用工成本直线上升，企业生存压力剧增。

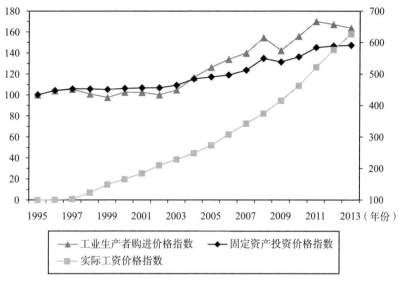

图 5 - 1　主要生产要素价格指数

注：工业生产者购进价格指数和固定资产投资价格指数对应于主坐标轴，实际工资价格指
数对应于副坐标轴。

资料来源：历年《中国劳动统计年鉴》《中国统计年鉴》。

表 5 - 1　　1990～2013 年中国制造业城镇职工年平均实际工资　单位：元/人

年份	城镇职工平均实际工资
1990	2073
1991	2289
1992	2635
1993	3348
1994	4283
1995	5169
1996	5642
1997	5933
1998	7064
1999	7794

年份	城镇职工平均实际工资
2000	8750
2001	9774
2002	11001
2003	12671
2004	14251
2005	15934
2006	18225
2007	21144
2008	24404
2009	26810
2010	30916
2011	36665
2012	41650
2013	46431

资料来源：历年《中国劳动统计年鉴》。

　　工业生产者购进价格指数近年来虽然没有劳动力价格的上涨幅度大，但也有相当显著的上升。2003 年以前，工业生产者购进价格指数上涨比较平缓，但 2003 年之后上涨迅速，一直到 2008 年达到一个高峰，2008 年金融危机对我国制造业冲击剧烈，需求不足，工厂生产受到压制，工业生产者购进价格指数也明显下降，从 2008 年的 154.5 降至 2009 年的 142.3。之后原材料价格开始反弹，得益于为应对金融危机实施的 4 万亿投资计划和重点产业振兴调整战略，投资需求扩大，对原材料、燃料、动力的需求也相应增加，工业生产者购进价格指数上升。但危机冲击也促使我国加快产业结构的调整步伐，原本粗放型的制造业发展方式有所改善，原材料价格指数虽有上涨但总体平稳。

　　固定资产投资价格指数是三者之中涨幅最小的一个价格指标，从表 5－2 可以看出，从 1996 年的 104 至 2013 年的 147.2，上涨幅度不足

50%，固定资产投资价格指数上涨幅度之所以不甚明显，是缘于我国经济30年的高速发展，积累了大量财富，资本要素充裕（毛日昇，2006），加之我国的要素禀赋优势和政策优惠，吸引了大规模外商直接投资（FDI），大量资本充斥资本市场，使我国资本价格上涨幅度有限。由表5-2可知，2009年固定资产投资价格指数微幅下调，从134.7下降到131.4，这是受2008年国际金融危机影响，经济不景气，固定资产投资萎缩。

表5-2　　　1996~2013年中国制造业要素成本指标（1995=100）

年份	实际工资 价格指数	工业生产者 购进价格指数	固定资产 投资价格指数
1996	100.3	103.9	104.0
1997	102.5	105.3	105.8
1998	122.8	100.8	105.6
1999	148.7	97.5	105.1
2000	165.5	102.5	106.3
2001	184.1	102.3	106.7
2002	209.6	99.9	106.9
2003	228.3	104.7	109.3
2004	248.6	116.7	115.4
2005	273.5	126.3	117.2
2006	308.2	133.9	119.0
2007	342.1	139.8	123.6
2008	373.9	154.5	134.7
2009	414.3	142.3	131.4
2010	462.8	155.9	136.2
2011	521.1	170.1	145.1
2012	576.3	167.1	146.7
2013	626.5	163.7	147.2

资料来源：历年《中国统计年鉴》。

5.3 生产要素价格上涨对制造业国际竞争力的影响理论分析

生产要素价格，反映要素禀赋结构的变化，决定生产过程中的要素配比，影响生产者的经营决策，直接关乎企业竞争优势如何。要素市场机制不完善，价格被低估，扭曲的要素价格不能如实反映供求关系，给生产者造成错误诱导，忽视已改变的禀赋优势，仍停留在全球价值链低端进行重复加工生产，"不思进取"，难以实现在全球价值链的攀升（金京等，2013）。生产要素价格上涨，企业面临严峻的成本上升压力，在简单重复加工和进行技术创新之间重新进行权衡。因此，生产要素价格的变化，改变企业的竞争优势和策略，影响国际竞争力（陈立敏，2010）。

第一，从要素禀赋结构角度看，一国具有禀赋优势的要素，往往是其生产和出口优势的着力点，我国在改革开放之初，有大量的农村剩余劳动力，劳动力资源丰富且价格较低，所以我国的劳动密集型产业迅速发展起来（李刚、刘吉超，2012）；但在 2002 年，沿海地区首次出现"民工荒"现象，中国初步显现出劳动力供小于求的状况，农村剩余劳动力可转移数量下降，造成制造业工人工资开始大幅上涨。劳动力供给减少与用工成本快速上升，刺激企业以更多的资本和技术要素代替劳动要素的使用，促使生产由劳动密集型产业向资本技术密集型产业转移，制造业内部可能会出现产品结构的变化，此消彼长。因此，制造业工人工资上升会使劳动密集型产品的国际竞争力下降，资本技术密集型产品的国际竞争力上升。

第二，从全球分工格局变化角度看，伴随专业化分工增强，产品从设计到生产被分解成各个独立的环节，国际分工格局逐渐由产品分工演化为要素分工。一个国家拥有某种要素比较多、价格较低时，就会对使用该种要素的生产环节形成吸引，该国的产业也就嵌入相应位置的全球产业链中（波特、林德，1995）。相较于发达国家凭借技术和创新优势稳坐全球价值链的顶端，中国的禀赋优势依然局限于自然资源和低成本劳动力，只能徘徊在低附加值、高耗能的加工组装环节，使得中国一直以来劳动力和资源密集型制造业产业国际竞争力较强，而资本和技术密集型制造业的国际竞争力较弱。但目前我国生产要素价格大幅上涨，原有的比较优势明显弱化，相较于劳动力和原材料等生产要素，使用更多的资本和技术要素更加经济，因此企业会将原来集中在低技术、低附加值的生产力解放出来，向研发创新以及核心部件制造等高端环节延伸。因此，从要素分工角度讲，生产要素价格上升对我国劳动密集型产业国际竞争力有减弱的压力，但是对资本和技术密集型产业的竞争力有提升趋势（朱诗娥、杨汝岱，2009）。

第三，从加工出口方面来说，比较优势促使我国以出口具有低成本优势的技术成熟型或劳动密集型产品为主，低端的出口结构在全球市场上不掌握主动权，议价能力弱，容易被价值链高端的国际大买家或跨国公司俘获，被迫锁定在低端技术生产模式和技术路径。生产要素价格上涨，尤其是劳动力成本的上涨，压缩了企业的利润空间，我国的企业受制于原有的生产模式和技术路径，难以形成突破，大型跨国公司就将原来分布在中国的加工环节，转移到生产要素尤其是劳动力成本更低的其他发展中国家，如一些东南亚国家，替代中国承接了全球价值链上劳动密集型或资源密集型产品等低端生产制造环节，对我国劳动密集型制造业造成极大冲击，不利于竞争力提升。另外，我国生产要素价格的提高，加工企业在竞争中所仰赖的低成本优势不再明显，迫于生存压力，这些企业必然会努力冲破锁定，学习借鉴发达国家先进的技术、管理经验，消化吸收再创新，提升自身技术水平和生产效率，出口科技含量更高、质量更优、服务更好的产品，结果是资本技术密集型产业的国际竞争力水平将得到提升。

综上所述，生产要素价格上涨，对劳动密集型制造业、资本技术密集型制造业的国际竞争力影响方向不同，而对制造业总体竞争力的影响方向不确定，主要取决于两类制造业对制造业总体竞争力作用力的强弱。基于此，下文展开生产要素价格上涨对制造业国际竞争力影响的实证分析。

5.4 生产要素价格上涨对制造业国际竞争力的影响实证分析

5.4.1 指标选取与模型构建

被解释变量。被解释变量选取的是制造业分行业的 RCA 指数，用于衡量制造业国际竞争力，具体的计算公式是：某一产业在该国出口中所占份额除以世界贸易中该产业出口额占世界贸易总额的比重。

解释变量。本章主要考察原材料、劳动力、资本三种要素对我国制造业国际竞争力的影响。考虑到该影响可能是非线性的，所以将主要解释变量的二次项也加入模型。原材料价格用工业生产者购进价格指数（PPPI）表示[①]，劳动力价格用制造业分行业的年均实际工资（WAGE）表示，用以反映资本要素价格的固定资产投资价格指数缺失样本区间的分行业数据，因而选用资本租赁价格（CLP）作为替代指标，资本租赁价格参照韩国高等（2011）的公式计算得出。

控制变量。为了使对解释变量的系数估计更加稳健可靠，本章参考既有文献的研究思路，选取如下能够体现行业特征的控制变量，主要包括：

对外开放程度（OPEN）：一个国家的对外开放程度越高，与世界市场联系越紧密，既有利于销售商品，转移过剩产能，也有利于学习国外先进技术和管理经验，再根据我国的实际情况加以创新优化，使国际竞争力不断提高。本章以行业出口值与总产出的比值作为代理指标。

资本深化程度（KL）：要素相对比例的变化，影响不同要素密集度产品的产出，资本深化减少劳动密集型产品的产出，增加资本密集型产品的生产，因此，资本深化程度与劳动密集型制造业竞争力水平呈负相关关系，而与资本和技术密集型制造业国际竞争力呈正相关关系。资本

---

① 由于工业生产者购进价格指数只是给出了七大类的价格指数，本章根据韩国高等（2011）的分类方法确定各制造业行业的原材料价格指数。

深化程度用行业固定资产与就业人数的比值表示。

成本费用利润率（RPC）：反映企业投入生产成本费用的经济效率，成本费用利润率越高，说明企业经济效益越好，国际竞争力越强。该指标用各行业利润总额与成本费用总额的比率来表示。

本章计量模型构建如下：

$$RCA_{it} = \alpha_0 + \alpha_1 \ln PI_{it} + \alpha_2 \ln PI_{it}^2 + \alpha_3 OPEN_{it} + \alpha_4 RPC_{it} + \alpha_5 KL_{it} + \varepsilon_{it}$$

式中，下标 i 表示行业、下标 t 表示时间年份。PI 代表三个主要解释变量。首先将所有主要解释变量放入模型，观察回归结果，再将主要解释变量逐一放入模型，观察回归结果，分析其对制造业国际竞争力影响的大小和方向。

本章使用的数据主要来源于联合国商品贸易统计数据库，《中国统计年鉴》《中国工业统计年鉴》《中国劳动统计年鉴》。涉及价格指数的解释变量在计算过程中都转化为以 2003 年为基期的指数形式。通过豪斯曼检验判断使用固定效应模型还是随机效应模型，豪斯曼检验给出 chi^2 值和 P 值，若适合固定效应模型则给出调整后的 R^2，随机效应模型则给出 Wald 值。

101

5.4.2　制造业整体实证结果分析

表 5-3 给出了中国制造业国际竞争力与生产要素价格变动之间的回归结果，可以看出，以原材料价格为主要解释变量时，一次项在 5% 水平上显著为负，而二次项在 5% 的水平上显著为正，说明原材料价格上涨对制造业国际竞争力的影响呈 U 形。原材料价格上涨，企业生产成本上升，压缩企业的利润空间，降低企业国际竞争力，但在企业对原材料价格上涨做出反应之后，调整企业策略，进行技术创新，革新工艺，提高生产效率，生产效率的提高对原材料价格上涨形成的成本压力有一定的抵消作用，甚至反超成本上升压力后降低成本，对提升制造业竞争力有拉动作用。

表 5 - 3　　　　　　　　　　　制造业整体回归结果

解释变量	全部变量	原材料（PPPI）	劳动力（WAGE）	资本（CLP）
ln_PPPI	-6.0987 *** (-3.05)	-4.5291 ** (-2.52)		
ln_PPPI^2	0.6057 *** (3.01)	0.4411 ** (2.42)		
ln_WAGE	2.8988 *** (3.70)		1.3815 ** (1.98)	
ln_WAGE^2	-0.1481 *** (-3.74)		-0.07506 ** (-2.12)	
ln_CLP	-0.00636 (-0.23)			0.01062 (0.38)
ln_CLP^2	0.00448 (0.73)			-0.00125 (-0.20)
OPEN	0.00085 (0.04)	-0.00595 (-0.26)	-0.00754 (-0.32)	-0.00615 (-0.26)
KL	4.074e-06 (0.03)	-0.000095 (-0.70)	9.243e-06 (0.06)	-0.000276 ** (-2.08)
RPC	0.00758 * (1.80)	0.00776 * (1.90)	0.00707 (1.62)	0.000396 (0.10)
_cons	1.8907 (0.38)	12.3327 *** (2.80)	-5.5564 (-1.62)	0.7987 *** (7.65)
R^2/Wald	Wald = 35.46	Wald = 25.91	R^2 = 0.14	Wald = 4.67
N	289	308	308	289
Hausman	Chi2 = 18.47 P = 0.0180	Chi2 = 2.14 P = 0.8297	Chi2 = 13.91 P = 0.0162	Chi2 = 3.54 P = 0.6180
模型	RE	RE	FE	RE

注：*、**、*** 分别表示在10%、5%、1%水平上显著。

从劳动力价格变量的回归结果看，一次项在5%的显著水平下为正，二次项在5%的显著水平下为负，说明工资上涨对制造业国际竞争力的影响表现为倒U形。劳动力价格上涨对制造业国际竞争力有正向影响，说明在制造业内部，资本技术密集型产业的国际竞争力作用效果强过劳动密集型产业的国际竞争力。工资水平上升促进制造业国际竞争力的提高，是由于劳动力成本具有二重性，对企业而言是成本，对劳动者而言是收入，既是成本支出也是激励手段。成本方面，工资上涨增加企业的生产成本，压缩企业的利润空间，降低企业的竞争力。激励方面，工资提高一方面提高劳动者的积极性，努力工作而不是消极怠工，另一方面激励企业进行有偏的技术创新，缓和劳动力成本上升的压力，在出口市场上保持竞争力。但在长期内，劳动力成本上升对制造业国际竞争力的正向作用减弱，企业因劳动力价格上涨而进行的新一轮投资，对企业生产效率的刺激空间越来越小，提升竞争力的作用减弱，且处于最新科技前沿的企业不像普通企业，逐步提高工资以作激励，他们往往一开始就保持高薪门槛，已充分挖掘薪酬激励的潜力，博得技术领先优势，再提高工资只会增加企业成本，并传递到产品价格上，降低企业竞争力。这说明，工资对生产效率乃至竞争力的正向影响存在技术限制，存在边际递减效应。因此，在一定区间内工资水平的提高有利于提升企业生产效率和竞争力，但超出这个区间，工资水平对生产率的促进作用下降甚至为负。

资本租赁价格对制造业国际竞争力的影响也呈现倒 U 形，但结果不显著。资本租赁价格较高时，一方面资本会被配置到迫切需要资本的企业，并要求资本收益较高，才能弥补使用高价格资本产生的利息成本，这样的企业必然是技术较高，竞争力较强的企业，"好钢用在刀刃上"，竞争力较强的企业使用资本进行技术研发创新，改进工艺、设备，开拓销售渠道等，提高了生产效率，抵消了利息支出的成本负担，进而提升其国际竞争力；在企业劳动生产率稳定在某一水平上之后，企业以前的负债依然需要支付利息，这部分资本已经投入使用，很难再给企业带来效益的提高，这就需要企业进行新一轮的资本扩张和技术创新，开启一个新循环。

5.4.3　分行业实证结果分析

表 5 - 4 是劳动密集型制造业竞争力与生产要素价格变动关系的面板回归结果。从中可以看出，原材料价格上涨对其影响并不显著，而工资上涨对劳动密集型产业国际竞争力的影响在 5% 水平上显著为负，表

明我国劳动密集型制造业的优势主要集中在低劳动力成本上，劳动力价格上升抑制劳动密集型制造业竞争力的提升。工资水平的平方项系数在5%的水平上显著为正，说明长期内，工资上涨对劳动密集型制造业国际竞争力的影响发生转折，有正向推动作用。因为作为生产成本的重要构成部分，劳动力价格一旦上涨，劳动密集型制造业企业就会"伤筋动骨"，企业要想生存下去，就要想方设法地消化劳动力价格上升造成的压力，将压力转化为动力，在长期内会提升劳动密集型制造业国际竞争力。资本租赁价格的一次项系数为负，二次项系数为正，符合资本价格上升对劳动密集型制造业国际竞争力影响的预期，资本价格上升，对本来就薄利经营的劳动密集型企业形成了巨大压力，权衡成本收益，很多企业不会引进资本进行技术工艺等方面的创新，甚至直接缩小生产规模，这必然不利于劳动密集型行业竞争力的提升；但从长期来看，顶住资本成本压力，引进资本进行技术管理创新的企业在竞争中胜出，劳动生产率有了质的提高，国际竞争力也必然会有极大的提升。就控制变量而言，对外开放度系数都为正，说明对外开放程度越高，劳动密集型制造业国际竞争力越强；资本深化程度总体上看，也不显著；成本费用利润率对劳动密集型制造业竞争力的影响显著为正，说明利润率的提高或者成本费用的降低，提升企业的经济效益，有利于增强国际竞争力。

表5-4 劳动密集型制造业回归结果

解释变量	全部变量	原材料（PPPI）	劳动力（WAGE）	资本（CLP）
ln_PPPI	5.5032 (0.76)	-6.2039 (-1.31)		
ln_PPPI^2	-0.5353 (-0.72)	0.6455 (1.33)		
ln_WAGE	-0.5335 (-1.52)		-4.0631** (-2.51)	
ln_WAGE^2	0.1867 (1.49)		0.2029** (2.47)	
ln_CLP	-0.01638 (-0.33)			-0.02289 (-0.52)

解释变量	全部变量	原材料（PPPI）	劳动力（WAGE）	资本（CLP）
ln_CLP^2	0.00621 (0.57)			0.00651 (0.68)
OPEN	0.4623 ** (2.27)	0.19902 (1.10)	0.2122 (1.15)	0.5152 *** (2.75)
KL	0.0000263 (0.04)	−0.0000261 (−0.05)	0.000618 (1.31)	0.000138 (0.32)
RPC	0.03536 * (1.94)	0.01057 (0.77)	0.03717 ** (2.25)	0.02382 ** (2.20)
_cons	5.3990 (0.42)	15.4122 (1.35)	20.6137 *** (2.60)	0.3741 *** (2.68)
R^2/Wald	Wald = 10.34	Wald = 4.44	Wald = 9.54	Wald = 9.86
N	128	132	132	128
Hausman	Chi2 = 6.86 P = 0.3339	Chi2 = 3.14 P = 0.5346	Chi2 = 10.71 P = 0.0574	Chi2 = 8.46 P = 0.1327
模型	RE	RE	RE	RE

注：*、**、*** 分别表示在10%、5%、1%水平上显著。

表5-5是资本技术密集型制造业与生产要素价格变动关系的面板估计结果，原材料价格一次项的回归结果在1%的水平上显著为负，二次项在1%水平上显著为正，表明原材料价格上涨对该类型产业的国际竞争力的影响比较明显，一般情况下资本技术密集型产业的原材料比较稀缺或者技术含量较高，其价格变化对产品的成本影响比较大，甚至直接影响产品的国际竞争力。另外，工资对资本技术密集型产业的国际竞争力的影响呈倒U形，工资水平短期内提升资本技术密集型产业的国际竞争力。这类行业工资水平波动幅度较大，高工资水平的激励作用更强，提高劳动者的积极性，人力资本发挥更大的作用，效率提升明显，有利于竞争力水平的提高；但是薪酬激励要有度，明确激励的最大效应区间，超出该区间，可能会花费较高的人力成本，但收效甚微，不利于竞争力的提升。资本租赁价格对资本技术密集型产业的国际竞争力影响不明显，可能是因为该类型制造业本就是以资本为基础发展起来的，资

本需求量刚性化，不会因为资本价格提高而减少资本的使用；再者该类型的产业经过多年的发展，已经积累了相当数量的资本，资本相对而言是比较充裕的要素，所以在进行生产安排时资本并非首要考虑的因素，对资本技术密集型产业国际竞争力的影响不是很明显。

表 5-5　　　　　　　　资本技术密集型制造业回归结果

解释变量	全部变量	原材料（PPPI）	劳动力（WAGE）	资本（CLP）
$\ln\_PPPI$	-7.6091 *** (-3.83)	-7.06282 *** (-3.68)		
$\ln\_PPPI^2$	0.7529 *** (3.78)	0.6861 *** (3.53)		
$\ln\_WAGE$	2.8871 *** (3.02)		1.0919 (1.24)	
$\ln\_WAGE^2$	-0.1488 *** (-3.11)		-0.06354 (-1.44)	
$\ln\_CLP$	-0.00899 (-0.27)			0.02162 (0.59)
$\ln\_CLP^2$	0.007137 (0.91)			-0.00502 (-0.60)
OPEN	0.000172 (0.01)	0.000726 (0.03)	-0.00446 (-0.21)	-0.01118 (-0.48)
KL	0.0000312 (0.22)	-0.0001008 (-0.78)	0.0000323 (0.22)	-0.000367 *** (-2.68)
RPC	0.00654 (1.63)	0.005323 (1.35)	0.00556 (1.34)	-0.002302 (-0.52)
_cons	6.0676 (1.05)	19.00746 *** (4.02)	-3.6613 (-0.83)	0.9545 *** (17.63)
R^2/Wald	Wald = 63.59	Wald = 55.09	$R^2 = 0.23$	$R^2 = 0.12$
N	161	176	176	161
Hausman	Chi2 = 12.51 P = 0.1300	Chi2 = 5.73 P = 0.2203	Chi2 = 13.41 P = 0.0198	Chi2 = 12.36 P = 0.0308
模型	RE	RE	FE	FE

注：***分别表示在1%水平上显著。

5.5　本章小结

从实证研究结果可知，不同生产要素价格上涨对我国制造业国际竞争力的影响方向不同。原材料价格上涨过快会加重制造业企业的成本负担，影响制造业国际竞争力的提升，但也应理性看待原材料价格上涨这一事实。我国已快速成长为世界第二大经济体，经济发展对原材料的需求是十分巨大的，但原材料相对短缺也是客观事实，供求影响导致原材料价格上涨是必然的。不过，这对于修正我国长期被扭曲的要素市场价格是一个难得的契机，应借此加快健全市场经济体制，完善要素市场，形成充分反映原材料的供求余缺、且合理真实的原材料价格机制。从而即使原材料价格上涨，企业也会想方设法化解由此形成的成本压力，形成良性循环，有利于制造业可持续发展。

我国作为一个人口大国，劳动力资源丰富且价格长期维持在一个较低水平，这一直是我国比较优势所在，现在劳动力价格已经有了很大程度的上涨并将继续提升，但这并没有动摇我国制造业国际竞争力的根基。实证分析结果表明，劳动力工资水平的提升确实对劳动密集型制造业国际竞争力有负向的影响，但对资本技术密集型制造业乃至制造业整体竞争力有显著的正向影响，所以这不能成为压制制造业工人工资上涨的理由，合理提高工人工资收入水平，使经济发展切实惠民，激发热情，提高劳动生产率，防止陷入"劳动力低成本比较优势"的被动局面，即收入分配两极分化，劳动者收入偏低，制约消费水平的提高，间接影响我国制造业转型升级的进程。同时也应注意工资上涨过快对制造业国际竞争力的阻碍作用，例如在一些高福利的国家，高工资高福利水平可能不是激发工人的劳动积极性，而是激发了人们的惰性，过犹不及，产生不利影响。因此要在有效的薪酬激励区间内，合理提高制造业工人工资水平，有利于缩小收入分配差距，提振国内消费需求，提高人力资本投资水平，促进产业结构升级，实现劳动密集型产业在区域间的梯度转移。

资本租赁价格反映资本市场尤其是固定资产投资市场的供求状况，与利率水平紧密相关，但又有其特殊性。目前我国的银行存贷款利率仍未完全市场化，证券市场又不稳定、风险较高，缺乏投资渠道，实业投资热度兴起。一方面资本市场充斥着大量的资本，另一方面固定资产投资需求增加，资本租赁价格变化受这两方面的影响。资本要素价格的上涨，本身就可以对产业优胜劣汰的选择，支持经济效益好的产业发展，淘汰一些落后产能，因此要充分挖掘资本要素价格引导制造业产业结构调整升级的潜力，使之起到风向标的作用。

从长期来看国际竞争力不可能单纯依靠低成本数量竞争优势维持，我国生产要素价格不断上涨，尤其是劳动力成本的大幅提高，既是压力也是动力，能够倒逼制造业破除传统比较优势的束缚，加快形成新的竞争优势，向全球价值链高端迈进，为我国实现制造大国向制造强国的转变打下坚实基础。

第6章 技术创新、资本深化与制造业竞争力

——基于环境规制视角的研究

中国经济供给侧改革正稳步推进，为全面深化改革，使经济发展更具活力和韧性，需着力解决当前中国制造业转型升级面临的两个瓶颈——要素价格约束和环境规制趋紧，第4、第5章着重分析了要素价格扭曲、技术进步偏向对制造业国际竞争力的影响，以及纠正扭曲导致的要素价格上涨如何作用于制造业国际竞争力。本章开始探讨环境规制对制造业国际竞争力的影响，技术创新和资本深化是环境规制与制造业国际竞争力之间联系较为紧密的两个变量，并且受制造业竞争力的反向倒逼作用显著，基于此本章构建了技术创新、资本深化和制造业国际竞争力的联立方程组模型以研究三者之间的相互影响，并比较分析加入环境规制前后，三者间的内生关系将如何变化。

本章结构安排如下：6.1节简要说明制造业国际竞争力和环境规制的相关研究背景；6.2节分别阐述技术创新、资本深化和制造业国际竞争力三个主要变量方程提出的理论基础，构建联立方程组模型；6.3节主要针对联立方程组的计量检验结果进行分析，区分环境规制的加入是否显著影响三者之间内生关系，最后对不同污染密集型行业进行对比分析，研究环境规制背景下，技术创新、资本深化与制造业国际竞争力之间的异质性影响；6.4节是本章小结。

6.1 引　　言

改革开放40年来，随着经济体制由计划经济向市场经济转轨，使

我国的制造业发展与城市化进程大大提速，但与此相应的是，环境污染与生态破坏问题也日益严峻。虽然污染治理与环境规制成为各级政府与社会的普遍共识，但生态环境的脆弱性与经济增长的硬性约束使我国在发展经济和保护环境之间面临两难选择。目前，中国是仅次于美国的第二大能源消耗国，2007 年二氧化碳排放量首次超过美国、成为最大温室气体排放国，使中国在国际社会上面临的节能减排压力骤增。

节能减排和发展低碳产业从长远来讲具有重要战略意义，受到各国普遍重视。但在短期内也会耗费一些宝贵的生产资源，尤其是在后金融危机时代，这种短期效应更加明显。传统观点认为，环境约束的加强会对经济发展产生不利影响，环境规制与经济增长间存在权衡。然而，波特假说却表明，合理的环境规制设计能够激发技术创新，部分或完全补偿企业因此承担的成本，从而使其在达到环境规制要求的同时提升竞争力。2008 年金融危机以来，外需骤减、劳动力成本攀升以及环境规制加强等因素使我国制造业持续面临前所未有的转型升级压力。由于中国工业粗放型增长特征依然没有根本性转变，经济增长过度依赖要素投入，企业技术创新能力薄弱，致使经济与环境矛盾日趋尖锐。当前中国环境保护工作的难题是：如何在保证产业国际竞争力的前提下，抑制进而扭转环境不断恶化的趋势。环境规制等许多因素都会影响到制造业国际竞争力，同时也受制造业国际竞争力的反向影响，技术创新和资本深化是环境规制与制造业国际竞争力之间最紧密的联系纽带。本章基于环境规制视角，建立联立方程组，研究技术创新、资本深化以及制造业国际竞争力三者之间的内生关系，并同时检验环境规制的加入是否会对实证分析结果产生显著影响。

6.2 联立方程组模型构建和变量说明

制造业竞争力、技术创新与资本深化三者之间不是割裂的，而是相互关联、相互影响的，目前很多涉及产业竞争力的研究，专注于各因素对竞争力的单向影响，但忽视了制造业国际竞争力提升对技术创新、资本深化等变量的反馈作用。当前，环境规制趋紧的硬约束更是强化了这种内生关系，制造业竞争力与其他变量间的相互影响因环境规制的加入而更加复杂。

6.2.1　技术创新理论分析及计量模型构建

技术创新是我国经济持续发展的动力源泉，它的走向和速度直接决定着制造业的未来，是制造业由大变强的重要依托。制造业国际竞争力上升，逐渐实现价值链攀升，竞争中所面对的竞争对手更加强大，消费者需求层次更高、标准更苛刻；另外制造业竞争力提升，创造更多价值和利润，是技术创新投入的主要资金来源。因此，国际竞争力提升使制造业企业有进行技术创新的动力和积极性。当前形势下，资本深化早已不是简单的规模扩大，而更多是与技术融合催生新的投资品。劳动生产率提高，很大程度上与凝结在生产装备中的资本要素相关，环境规制趋紧要求下，资本深化偏向治污环保的方向发展，因而利于技术创新投入的增加。环境污染物是生产过程的负产出，反映了资源利用的低效率。采取恰当的环境规制可引导企业进行创新，从而促使其寻找提高资源利用效率的新方法减少废物排放，即"创新补偿理论"；同时随环境意识增强，企业率先采取如改进生产流程等环境友好措施，并将成果引入市场，引领潮流抢占先机，可获得"先动优势"。"波特假说"也将随之实现，环境规制将引致技术创新。根据以上分析，我们设计如下计量方程：

$$\ln RD_{it} = \alpha_0 + \alpha_1 RCA_{it} + \alpha_2 \ln CD_{it} + \alpha_3 \ln RE_{it} + \alpha_4 \ln FDI_{it} + \alpha_5 \ln MR_{it} + \varepsilon_{it}$$

$$(6-1)$$

RD、RCA、CD、RE、FDI、MR 分别表示技术创新、制造业国际竞争力、资本深化、环境规制、外商直接投资和进口渗透率，下文意义相同。

6.2.2　资本深化理论分析及计量模型构建

在环境规制趋紧视角下，制造业国际竞争力提升与技术创新对资本深化的影响也有新的表现。陈诗一研究结果显示生产部门资本深化是二氧化碳排放量增加的最主要原因，环境恶化与粗放型增长方式中仍在持续的资本深化愈趋同步。反过来讲，环境规制趋紧要严格控制二氧化碳等废弃物排放，这种产出阶段的污染管制必然会影响到投入阶段的资本深化。制造业国际竞争力提升，促进制造业转型，支柱产业转变为资本和技术密集型产业，资本有机构成发生变化，将会影响资本深化进程。技术创新对资本深化的影响方向则不确定，技术创新可能挤占资本深化的资金，两者此消彼长；也可能随着资本深化程度提高，技术创新会抑制资本回报的下降甚至提高资本回报率。从而本章设计如下方程：

$$\ln CD_{it} = \beta_0 + \beta_1 \ln RE_{it} + \beta_2 \ln RCA_{it} + \beta_3 \ln RD_{it} + \beta_4 \ln WAGE_{it-1}$$
$$+ \beta_5 \ln PI_{it} + \beta_6 \ln SIZE_{it} + \mu_{it} \tag{6-2}$$

WAGE、PI、SIZE 分别表示劳动力实际工资成本、行业出厂价格指数和行业规模，下面意义相同。

6.2.3 制造业国际竞争力计量模型构建

制造业国际竞争力的影响因素是多方面的，本章着重考察技术创新、资本深化以及环境规制三个因素对竞争力的影响。大而不强一直是制约我国制造业进一步发展的瓶颈，参与国际市场竞争仍依靠低成本劳动力与其他要素的禀赋优势，2008 年金融危机以来，这两方面的竞争优势已大大弱化。技术创新是我国制造业降低资源依赖、由资源依赖型向技术驱动型转变的重要手段，因此技术创新可谓是当前提升竞争力的根本途径。资本深化是指人均资本投入水平的高低，在经济起步阶段，资本深化代表工业化程度的加深，劳动生产率上升，对制造业的国际竞争力具有正向的推动作用。但是随着经济持续发展，很多行业从原来的资本短缺转变为资本过剩，带有计划经济特点的过度投资现象在当今中国仍然存在。资本过度深化，超出资源最优化配置的范畴，反而不利于整体竞争力的提升。环境规制对竞争力的影响研究，争论焦点围绕在"波特假说"上，该假说以企业存在着大量未被挖掘利用的潜在竞争力为前提，环境规制的实施逼迫企业对这部分竞争力进行挖掘，从而实现环境绩效和竞争力提升的双赢局面，但这一过程是曲折的。初始阶段，环境规制的引入使生产成本增加，也使企业决策烙上环境规制的印记。随着环境规制激励性增强，企业主动将环保纳入长期战略，环保技术不断发展，但环境规制又有着自我弱化的趋势，需不断进行突破，直到实现"波特假说"。因此环境规制加强对制造业国际竞争力的影响方向不确定，可能存在一定的非线性特征，具体要看该行业处于环境规制的哪个阶段。由此，本章提出如下计量检验方程：

$$RCA_{it} = \theta_0 + \theta_1 \ln RD_{it} + \theta_2 \ln CD_{it} + \theta_3 \ln RE_{it} + \theta_4 (\ln RE_{it})^2$$
$$+ \theta_5 \ln WAGE_{it-1} + \eta_{it} \tag{6-3}$$

环境规制约束的加入，必然会挤占一定资源，对技术创新、资本深化和国际竞争力都将产生重要影响。如同样是技术创新，不考虑环境规制可能仅是生产技术创新，而加入环境规制，不但影响生产技术创新，也会对环境保护技术创新形成激励，因创新资源有限，两者间可能存在一定的权衡取舍，但也可能表现为互补关系，即环保技术的提高既有利于污染减排，也有利于提升产品质量、突破许多发达国家严苛的环保标准以增强制造业出口竞争力。我们认为，环境规制因素加入与否对实证研究结论可能产生显著影响，这也是被以往研究所忽略的一个重要视角。

基于以上分析，我们将环境规制对制造业国际竞争力的影响途径进行了分拆，从而转化为在环境规制视角下，对技术创新、资本深化和制造业国际竞争力之间相互关系的研究。本章借助以上方程组成的联立方程组模型，对这一命题进行研究。

6.2.4　相关变量及数据说明

制造业国际竞争力以各行业的 RCA 指数表示，该指数是当前研究国际竞争力普遍采用的指标。因本章主要研究环境规制对企业 R&D 投入的影响，不仅涉及企业内部 R&D 支出，还涉及企业用于技术获取和技术改造的支出，所以将两者之和作为技术创新的衡量指标。之所以重点关注技术获取和技术改造支出，是由于环境规制影响下企业的 R&D 投入，很大概率是为了对原有技术或生产工艺进行改进，减少污染物的排放；资本深化（CD）变量用产业固定资产净值与产业从业者年平均人数的比值来衡量；环境规制（RE）以各行业的污染治理支付成本与各行业总产值之比来表示。污染治理支付成本包括污染治理投资完成额与污染处理设施运行成本，由于前者没有行业层面的数据，因此借鉴董敏杰等（2011）的思路，假设两部分成本的行业结构相同，然后将总污染治理投资额按比例分解到行业各个行业。FDI 用行业实收资本中港澳台资本和外商资本之和表示；进口渗透率（MR）因进口品技术溢出效应而影响技术创新水平，用行业进口值与行业总产值的比值表示；PI表示工业生产者出厂价格指数；产业规模（SIZE），用工业总产值来控制产业规模的影响；制造业实际工人工资（WAGE）用制造业分行业年均实际工资表示，工资上涨直接提高了企业生产成本，预期会对竞争力产生不利影响，同时使企业加快资本替代劳动的速度、减少吸纳就业规模，即促使资本深化进程加快。

对于污染行业的划分，借鉴余东华和胡亚男（2016）处理方法，通过测算环境规制强度的变化，将制造业行业分为重度、中度和轻度污染行业三大类。本章数据来源主要有《中国统计年鉴》《中国工业统计年鉴》《中国科技统计年鉴》《中国环境统计年鉴》，RCA 指数的计算数据来源于联合国商品与贸易统计数据库。

6.3 实证结果及分析

6.3.1 制造业总体计量结果分析

联立方程组由制造业国际竞争力（RCA）、技术创新（RD）和资本深化（CD）三个相互嵌套的决定方程构成。联立方程组的估计方法较多，其中系统估计法是将所有方程作为一个整体进行估计，充分考虑了各方程间的联系。经比较本章选择最常用的三阶段最小二乘法（3SLS）进行回归分析，作为对比，我们使用两阶段最小二乘法（2SLS）对结果进行稳健性分析。

表 6-1 是制造业总体 3SLS 的回归结果。从 RCA 的决定方程中可看出，技术创新的回归系数为 0.717、对制造业国际竞争力有显著正向影响，技术创新投入增加为技术进步奠定基础，技术进步是制造业国际竞争力提升的核心动力、是制造业转型升级的根本途径。资本深化系数为 -0.66 且在 1% 水平上显著为负，与预期结果一致，我国经济经过多年的高速增长，积累了大量资本，加之资本市场的负向扭曲，制造业生产过程中的资本劳动比已超出资源优化配置的范围，甚至已经出现明显

的资本过度深化现象，因此对制造业国际竞争力表现出负向影响。环境规制的线性项与二次项系数均为正，说明环境规制对制造业国际竞争力的影响表现为 U 形曲线，拐点为 - 6.287，从环境规制变量的样本数值范围可以看出，绝大多数行业已经位于拐点右侧，环境规制对制造业国际竞争力提升已表现出积极影响，印证了中国制造业"波特假说"的存在性：环境规制趋紧对技术创新有积极影响，"创新补偿效应"能够抵偿规制带来的额外成本，并通过信号正反馈机制进一步激励行业技术革新，从而提升其竞争优势，这与张三峰和卜茂亮（2011）研究观点相一致。金碚（2009）也指出，中国已能够承受较高的环保标准，并且可将其作为提升产业竞争力的重要途径之一。

表 6 - 1 制造业整体 3SLS 回归结果

变量	加入环境规制变量			不加环境规制变量		
	RCA	lnRD	lnCD	RCA	lnRD	lnCD
RCA		0.675 ** (2.53)	1.187 *** (7.15)		0.437 (1.03)	1.646 *** (9.69)
lnRD	0.717 *** (6.86)		- 0.721 *** (- 10.50)	0.296 *** (3.07)		- 0.646 *** (- 5.30)
lnCD	- 0.660 *** (- 2.63)	0.0599 ** (2.66)		- 0.617 *** (- 6.01)	0.334 ** (2.42)	
lnRE	0.171 (0.07)	0.1475 * (2.02)	0.248 *** (6.73)			
lnRE2	0.0136 ** (2.03)					
L. lnWAGE	- 0.615 * (- 1.93)		0.956 *** (11.81)	- 0.488 *** (- 3.97)		0.700 *** (7.83)
lnFDI		0.0269 (0.54)			- 0.246 *** (- 2.59)	
lnMR		0.0724 *** (2.59)			0.213 *** (4.03)	

续表

变量	加入环境规制变量			不加环境规制变量		
	RCA	lnRD	lnCD	RCA	lnRD	lnCD
lnPI			0.0171 (0.35)			0.177 (1.03)
lnSIZE			0.0327 ** (2.27)			0.0910 *** (3.36)
_cons	7.845 *** (3.78)	− 4.066 *** (− 8.92)	− 9.656 *** (− 12.72)	5.375 *** (4.32)	− 3.034 *** (− 7.12)	− 8.559 *** (− 7.38)
N	308	308	308	308	308	308
R^2	0.2397	0.4418	0.5438	0.1572	0.4454	0.3213

注：括号内为系数显著性检验的 t 值，＊、＊＊ 与 ＊＊＊ 依次表示 10%、5% 与 1% 的显著性水平。

技术创新决定方程的回归结果显示，制造业国际竞争力增强，有利于技术创新投入增加，回归系数为 0.675 并在 5% 水平上显著。为更好地融入世界市场，满足国外消费需求，唯有增加技术投入才是解决问题的关键。制造业国际竞争力提升，行业利润增加，创新意识与能力兼具，才能持续推动技术创新。资本深化系数为 0.0599 且在 5% 水平上显著。黄先海等研究认为目前中国的技术进步类型多为资本体现式，技术融合于资本品中其效能才能充分发挥，并通过设备更新换代实现技术升级和要素生产率提升，因此总体上集约型资本深化对技术创新推动作用显著。环境规制对技术创新也有正向影响，环境规制强度每增加 1%，技术创新投入将增加 0.1475 个百分点。制造业企业已清晰认识到，长期被动治污不但成本高昂而且效果不佳，企业会理性选择技术创新来应对日渐趋紧的环境规制，合理的环境规制政策能实现治污和生产技术的同时进步，因此环境规制的实施有利于提升技术创新。

从控制变量的回归结果看，不考虑环境规制因素时，FDI 对技术创新的影响显著为负，而加入环境规制影响后，该系数符号由负转正，虽然不显著，但仍间接说明环境规制对引进 FDI 技术含量的高低有着重要影响。若不存在环境规制约束，那么受我国低成本要素禀赋的吸引，流入的 FDI 可能多是发达国家转移的淘汰产业，技术含量较低、溢出效应不明显，不利于本国技术创新。但环境规制约束的强化阻碍了低技术高污染的 FDI 流入，实际引进的 FDI 科技含量较高，这部分 FDI 对本土技术创新有显著推动作用。进口渗透率对技术创新有显著的正向影响，整体进口渗透率每上升 1 个百分点，技术创新提高 0.0724 个百分点。目前我国进口品科技含量较高，尤其是高新技术企业进口的核心技术产品，其技术溢出、技术扩散效应显著，是推动我国技术创新的重要途径之一。

资本深化决定方程的实证检验结果表明，环境规制提升对其有正向影响，系数取值为 0.248 且在 1% 水平上显著。资本深化与能源消耗、环境污染愈趋同步，环境与竞争力"双赢"不能以牺牲生产改善污染，而是需要治污技术和设备的同步跟进甚至超前发展，技术物化于设备，因此环境治理投入增加，有利于资本深化。制造业国际竞争力提升意味着企业盈利能力的增强，对资本深化呈正向影响。技术创新对资本深化有显著负向影响，技术创新每增加 1 个百分点，资本深化程度降低约 0.721 个百分点，其原因在于企业资金是有限的，技术创新投入就需要挤占用于资本深化的资本。制造业年平均实际工资对资本深化作用明显，这是资本和劳动的替代关系决定的，劳动要素价格越高，生产者转而会寻求使用更多资本代替劳动，因而实际工资与资本深化呈正向关系。

表 6-1 同时给出了考虑环境规制与不考虑环境规制的实证结果，用以检验环境规制对各变量的影响。横向对比发现环境规制对各变量系数均有不同程度影响，这印证了我们的研究中加入环境规制因素的必要性，应引起相关研究的关注和重视。环境规制因素的加入使其他变量受到更多约束，各变量的联立方程回归系数更贴近实际。若研究中忽略环境规制因素，难以保证研究结论的客观准确性，也就难以为产业与环境政策的制定提供准确的参考借鉴。

6.3.2 稳健性分析

为了进一步检验估计结果的可信度，我们用 2SLS 作为估计方法对回归结果进行稳健性分析。表 6-2 给出在考虑环境规制的影响下，联立方程组用 2SLS 和 3SLS 实证分析的回归结果。通过对比发现，两种不同估计方法下，RCA、lnRD、lnCD 的回归系数没有发生明显变化，说明实证分析结果比较稳健，验证了制造业国际竞争力、技术创新和资本深化之间显著的相关关系。而且从表 6-2 中还可以看出，3SLS 的回归结果比 2SLS 的结果更为显著，所以本章以 3SLS 作为基础估计方法进行分析是合理的，因此下文分行业进行实证研究时同样以 3SLS 的回归结果为基础进行分析。

表 6-2　制造业整体加入环境规制变量后 2SLS 与 3SLS 的回归结果

变量	2SLS			3SLS		
	RCA	lnRD	lnCD	RCA	lnRD	lnCD
RCA		0.567 * (1.75)	0.867 *** (3.35)		0.675 ** (2.53)	1.187 *** (7.15)
lnRD	0.325 *** (2.60)	0.0227 (0.24)	-0.272 * (-1.75)	0.717 *** (6.86)	0.0599 ** (2.66)	-0.721 *** (-10.50)
lnCD	-1.281 *** (-4.69)			-0.660 *** (-2.63)		
lnRE	0.492 (1.56)	0.0316 (0.59)	0.231 *** (6.04)	0.171 (0.07)	0.1475 * (2.02)	0.248 *** (6.73)
lnRE2	0.0280 (0.97)			0.0136 ** (2.03)		
L. lnWAGE	-1.362 *** (-3.93)		0.980 *** (10.36)	-0.615 * (-1.93)		0.956 *** (11.81)
lnFDI		0.0734 (1.08)			0.0269 (0.54)	
lnMR		0.136 *** (3.79)			0.0724 *** (2.59)	
lnPI			0.0793 (0.20)			0.0171 (0.35)
lnSIZE			0.0682 (1.28)			0.0327 ** (2.27)
_cons	9.209 *** (4.22)	-3.879 *** (-7.13)	-7.816 *** (-6.03)	7.845 *** (3.78)	-4.066 *** (-8.92)	-9.656 *** (-12.72)
N	308	308	308	308	308	308
R²	0.1707	0.3200	0.5075	0.2397	0.4418	0.5438

注：括号内为系数显著性检验的 t 值，* 、** 与 *** 依次表示 10% 、5% 与 1% 的显著性水平。

6.3.3　分行业计量结果分析

依据环境规制强度不同，将制造业行业分为重、中、轻度污染行业分别建立联立方程组进行实证研究。为了方便分析，将制造业国际竞争力、技术创新和资本深化联立方程组的 3SLS 回归结果分别在表 6 - 3、表 6 - 4、表 6 - 5 中呈现，便于直观比较不同污染密集型行业回归结果的差异，模型（1）、模型（2）分别表示不加入与加入环境规制变量的回归结果。

表 6 - 3 为国际竞争力决定方程的回归结果，从模型（2）中可以看出，重度、中度和轻度污染行业的技术创新系数分别为 - 1.053、0.217 和 0.109。重度污染行业系数在 1% 水平上显著为负，行业特性使然：重度污染行业整体技术密集度较低，进行技术创新成本高难度大，盲目的技术创新不仅无效率还可能因成本骤增而降低国际竞争力；中度污染行业技术创新效果最佳，环境规制约束下的技术创新更倾向于技术改造升级；轻度污染行业本就多属于技术密集型，技术投入的边际效应较小，所以其回归系数较小。资本深化对国际竞争力的影响因行业而异、但系数都很显著。重度和轻度污染行业系数分别为 0.413 和 1.714，中度污染行业系数为 - 0.591。从这一结果可看出，前两者多属资本、技术密集型行业，资本绝对量虽庞大但资本深化尚处合理范围，投资拉动效应仍然显著，表明这些行业受资本影响依然深远，在其发展动能转换与转型升级过程中，资本的积极作用仍不可忽视；后者多是劳动密集型行业，对劳动要素具有刚性需求，按要素配比资本已呈饱和状态，继续资本深化将超出最优配置、效率降低，因此该行业资本深化对国际竞争力表现出负向影响。

119

表 6 - 3　分行业制造业国际竞争力（RCA）决定方程的回归结果

变量	重度污染		中度污染		轻度污染	
	模型（1）	模型（2）	模型（1）	模型（2）	模型（1）	模型（2）
lnRD	- 0.843 *** (- 3.45)	- 1.053 *** (- 2.89)	0.00924 (0.13)	0.217 *** (3.61)	0.184 *** (2.89)	0.109 (1.44)

变量	重度污染		中度污染		轻度污染	
	模型（1）	模型（2）	模型（1）	模型（2）	模型（1）	模型（2）
lnCD	0.537 ** (2.18)	0.413 * (1.95)	− 0.523 *** (− 3.51)	− 0.591 *** (− 6.30)	0.783 *** (4.13)	1.714 *** (5.44)
L. lnWAGE	− 0.228 (− 0.76)	− 0.253 (− 0.93)	0.395 *** (2.70)	0.359 *** (3.58)	− 0.759 *** (− 3.49)	− 1.803 *** (− 4.82)
lnRE		− 1.879 ** (− 2.44)		1.801 (0.48)		2.860 ** (2.02)
lnRE2		− 0.223 * (− 1.74)		0.155 * (2.26)		0.194 ** (2.06)
_cons	5.249 ** (2.44)	0.347 (0.13)	− 2.263 * (− 1.83)	− 2.158 * (− 1.67)	7.350 *** (4.24)	25.86 *** (3.15)
N	99	99	77	77	132	132
R²	0.6615	0.7907	0.1793	0.4243	0.3694	0.8477

注：括号内为系数显著性检验的 t 值，＊、＊＊与＊＊＊依次表示 10%、5% 与 1% 的显著性水平。

重度污染行业 lnRE 一次项、二次项系数均显著为负，说明重度污染行业的环境规制与制造业国际竞争力呈倒 U 形，拐点为 − 4.213，在拐点左侧时环境规制对制造业国际竞争力有正向促进作用，处于拐点右侧时则对竞争力表现出负向影响。重度污染行业如造纸业、石油加工等都是环境规制的重点关注对象，环境治理要有所成效需下大手笔、成本较高，但要注重环境规制强度的掌控，过于严苛的环境规制虽有利于环境保护，但会损伤企业发展活力。中度污染行业的一次项及二次项均大于零，说明该行业环境规制与竞争力的关系表现为 U 形，拐点为 − 5.806，环境规制在初期可能会降低该类行业的竞争力，但跨越拐点之后对提升竞争力则有积极作用。中度污染行业污染治理主观能动性更强，"创新补偿效应"显著，是实现"波特假说"的理想行业，环境规制能显著提升行业竞争力。从目前中度污染行业环境规制的变量数值范围看，多数行业已经位于拐点右侧。轻度污染行业属清洁生产行业，环境规制与竞争力也呈 U 形关系，但拐点临界值较小、仅为 − 7.317，目前轻度污染行业多数已越过拐点，环境治理投入的"先动效应"明显，对该行业竞争力有显著正向影响。

　　表 6 - 4 为技术创新方程的回归结果，从中可看出分行业技术创新的内在动力差异。模型（2）中各行业环境规制系数依次为 0.487、0.152 和 0.122，重度污染行业系数较大且在 1% 水平上显著为正，说明严格的环保标准对企业加大技术研发投入与创新力度的作用非常明显。中度和轻度污染行业系数也为正，虽不显著，但也能够说明环境规制对两者的技术创新有正向推动作用，但不如重度污染行业的促进作用明显。就 RCA 系数而言，重度污染行业回归系数为 0.697 且极显著，说明制造业国际竞争力提升、利润增加，对技术创新有正向影响，这些行业在其他方面发展较为成熟，虽然其技术创新难度较大，但为保持行业的可持续发展，就必须在技术创新上下功夫；中度污染行业系数为 - 0.894 但不显著，中度污染行业多为劳动密集型，技术创新成本高、风险大，技术创新意愿不足，所以即使国际竞争力提升，也难以对技术创新产生积极推动作用；轻度污染行业系数为 2.248 并在 1% 水平上显著，显示技术创新是这类行业国际竞争力提升的重要源泉，尤其在高新技术类行业、技术创新更是其生存根本。竞争力提升引致利润增加，企业更愿意进行投资与技术创新，形成技术创新与竞争力提升的良性循环。

121

表 6 - 4　　　　分行业技术创新（RD）决定方程的回归结果

变量	重度污染		中度污染		轻度污染	
	模型（1）	模型（2）	模型（1）	模型（2）	模型（1）	模型（2）
RCA	0.900 ** (2.01)	0.697 *** (3.29)	- 1.794 *** （- 4.24）	- 0.894 （- 1.41）	2.093 *** (5.60)	2.248 *** (6.16)
lnCD	- 0.444 *** （- 3.02）	- 0.241 ** （- 2.25）	0.505 *** (3.88)	0.606 *** (4.77)	0.341 * (1.89)	0.571 *** (3.24)
lnRE		0.487 *** (4.38)		0.152 (0.89)		0.122 (1.59)
lnFDI	- 0.0910 （- 0.61）	- 0.0702 （- 0.96）	0.942 *** (9.47)	0.830 *** (5.26)	0.226 * (1.93)	0.374 *** (3.33)
lnMR	- 0.0164 （- 0.42）	- 0.0204 （- 0.53）	- 0.345 *** （- 3.71）	- 0.303 *** （- 3.14）	0.217 *** (4.13)	0.204 *** (3.73)

变量	重度污染		中度污染		轻度污染	
	模型（1）	模型（2）	模型（1）	模型（2）	模型（1）	模型（2）
_cons	−4.156*** （−8.49）	−1.977*** （−3.09）	−3.945*** （−8.50）	−3.732*** （−4.92）	−4.928*** （−10.67）	−4.207*** （−6.77）
N	99	99	77	77	132	132
R^2	0.8522	0.2954	0.5863	0.7084	0.1503	0.2080

注：括号内为系数显著性检验的 t 值，* 、** 与 *** 依次表示 10%、5% 与 1% 的显著性水平。

控制变量方面，重度污染行业 lnFDI 系数为 −0.072 但不显著，跨国公司通过 FDI 将污染密集型产业转移到中国，进入重度污染行业的多是低端 FDI，不追求技术创新而是将国外淘汰的落后技术直接投入生产应用，一定程度上挤占了用于技术创新的资本，因此该系数为负；中、轻度污染行业系数分别为 0.830 和 0.374，这部分 FDI 较多流向电子通信以及计算机、仪器仪表和办公机械制造等行业，通过"技术溢出效应"有效地促进了技术创新。进口渗透率对重度污染行业的技术创新影响系数为 −0.0204、但不显著，重度污染行业进口多集中在大宗原材料方面，所以对技术创新的影响比较小。中度污染行业系数为 −0.303，且在 1% 水平上显著。中度污染行业进口品往往具备一定的技术水平，基本能够满足企业的技术需求，企业没有继续进行原始技术研发投资的动力，所以中度污染行业的进口挤占了用于研发的资本，不利于本国的技术创新。轻度污染行业系数为 0.204，在 1% 水平上显著为正。与中度污染行业不同，轻度污染行业的进口品多数技术层级较高、技术溢出效应显著，企业有动力进行消化吸收再创新，所以这类产品进口更有利于技术创新。

表 6-5 表示分行业资本深化决定方程的回归结果。在不同行业间，资本深化影响因素的回归结果也有明显差异。重度、中度和轻度污染行业的环境规制系数分别为 0.676、−0.385 和 0.102，前两者系数分别在 1% 和 5% 水平上显著，而轻度污染行业系数不显著。重度污染行业因环境规制增强被迫进行治污技术研发、但其成本高风险大，除自主研发之外，直接购进治污设备也是企业治污减排的重要举措，因此重污染行

业环境规制的增强有利于资本深化。中度污染行业一方面使用更多劳动力等其他要素代替资本要素，另一方面将资金用于治污技术研发，使该系数显著为负。重度污染行业 RCA 系数为 0.777，在 1% 水平上显著为正，如前文所述，这类行业中资本对其发展动能重构有重要的影响，所以竞争力提升有利于资本深化；中度污染行业系数为 - 1.718 并在 1% 水平上显著，中度污染行业因其资本深化程度较高且有过度深化迹象，行业竞争力提升意味着资源利用效率提高，逆资本化趋势加强，因此该系数为负；轻度污染行业系数为 0.0635 但不显著。

表 6-5　　　　　分行业资本深化（CD）决定方程的回归结果

变量	重度污染		中度污染		轻度污染	
	模型（1）	模型（2）	模型（1）	模型（2）	模型（1）	模型（2）
RCA	4.097 ** (2.29)	0.777 *** (4.14)	- 1.798 *** (- 6.02)	- 1.718 *** (- 5.70)	0.0515 (0.04)	0.0635 (0.14)
lnRD	- 6.563 ** (- 2.22)	- 0.813 (- 1.57)	- 0.0391 (- 0.35)	0.272 (1.32)	0.554 (0.79)	0.255 (1.27)
lnRE		0.676 *** (3.06)		- 0.385 ** (- 2.39)		0.102 (1.59)
lnPI	3.433 ** (2.06)	0.483 *** (3.00)	0.734 * (1.93)	0.356 (0.94)	4.172 ** (2.31)	0.986 (1.59)
L. lnWAGE	2.311 *** (5.50)	1.117 *** (12.53)	0.870 *** (6.39)	0.696 *** (3.28)	1.479 *** (3.54)	1.225 *** (7.87)
lnSIZE	0.180 (0.64)	0.188 ** (2.49)	- 0.168 * (- 1.80)	- 0.0977 (- 0.75)	- 0.416 (- 1.42)	- 0.137 (- 1.55)
_cons	- 6.177 ** (- 1.96)	- 9.274 *** (- 10.03)	- 7.581 *** (- 4.21)	- 5.782 *** (- 2.80)	- 25.81 *** (- 4.40)	- 11.53 *** (- 5.16)
N	99	99	77	77	132	132
R^2	0.3631	0.3086	0.4479	0.7625	0.3495	0.7856

注：括号内为系数显著性检验的 t 值，* 、** 与 *** 依次表示 10%、5% 与 1% 的显著性水平。

控制变量中，三类行业就业人员实际工资滞后一期对资本深化影响都是正向的，与制造业总体相一致，此处不再赘述。生产者出厂价格指数对资本深化表现出正向影响，价格提升使企业资本积累增加，有利于促进资本深化。重度污染行业的产业规模对资本深化有显著正向影响，但中度和轻度污染行业的行业规模对资本深化表现出负向影响，这与理论预期有所不同，中度污染行业可能是受资本过度深化的影响，行业扩张不再仅表现为简单的规模扩大，而是与技术资本品相融合以实现集约型生产。轻度污染行业多是技术密集型，行业规模扩大更多是源于技术积累的需要，所以也对资本深化表现出负向影响。

通过对国际竞争力、技术创新、资本深化三个决定方程结合起来分析，发现重度污染行业国际竞争力与技术创新、国际竞争力与资本深化两两之间均表现为正向影响，但是技术创新和资本深化之间互为负向关系，这可能是由于行业特性使然，技术创新和资本深化的资本投入呈此消彼长的替代关系。而中度污染行业则相反，技术创新和资本深化互为正向影响，但国际竞争力对两者均表现为负向影响；轻度污染行业则是三者之间呈现良性循环，互为正向促进作用。表 6-3~表 6-5 中同样给出了去除环境规制变量的回归结果，通过对比发现，加入环境规制因素后，制造业国际竞争力和资本深化影响因素的回归系数普遍变小，而技术创新影响因素的系数普遍偏大，说明环境规制不可避免地影响了各变量间的内生关系，一方面挤占了某些生产资源，另一方面也会促进和放大某些变量的影响。不同行业自身特点不同，因而环境规制的实际影响也有差异。基于此，更应以纳入环境规制因素的回归结果为基础进行针对性的政策分析。

6.4 本 章 小 结

当前我国制造业面临内忧外困的局面，提升竞争力是摆脱困境、实现更高水平可持续发展的唯一出路。依赖过度的能源资源投入与投资拉动来促进经济增长的时代已经结束，提升竞争力要妥善处理要素禀赋优势转换的问题。技术创新、资本深化与制造业国际竞争力有着错综复杂的内生关系，通过联立方程模型实证分析发现，要妥善处理几者之间的关系仍是有迹可循的。

从制造业总体角度看，在环境规制约束下，技术创新和制造业国际竞争力之间存在正向交互效应，有利于制造业可持续发展，但资本过度深化的问题也初步显现，对制造业国际竞争力的负向影响显著。环境规制对三者表现出稳健显著的正向影响，一定程度上说明在工业污染防治压力下，制造业行业具备一定能动性，"波特假说"得到验证。这一结论说明我国环境规制政策对企业污染减排起到了积极作用，企业有能力承受更高的环境标准。但同时从回归结果中也可以看出，技术创新和环境规制的积极影响还是有限的，带动和提升竞争力的潜力还需要进一步挖掘。政府环境规制虽在逐渐加强，但企业要抓住并充分利用配套扶持补贴政策，在环保技术创新上加大投入，不但有助于污染减排，还能在一定程度上削减边际生产成本，从而最终提高国际市场竞争力。

从分行业回归结果可以看出，重度污染行业因技术创新难度大的行业特性，多个因素对技术创新都体现为负向影响，单靠市场机制难有内生动力，可能导致投入不足，低于社会理想水平，这就需要政府加以外部干预，引导重度污染密集型行业增加减排治污技术研发投入、加快产业转型升级。多年来，重污染行业的环境规制问题备受重视，使其在环保技术研发与管理技术创新等方面明显提升，"创新补偿效应"显著，一定程度上实现了产业发展与环境保护双赢的目标。不过也应看到，近年来迅速增加的资源与生态环境压力正不断地侵蚀这种双赢局面，未来环境规制将转而制约重工业的增长。加速产业升级与研发投入无疑是新形势下实现重度污染企业可持续发展的重要选择。

中度污染行业则存在资本过度深化问题，资本深化与制造业国际竞争力的提升互为负向影响，这说明中度污染行业资源配置效率问题已初露端倪，应引起充分重视。同时虽然中度污染行业的技术创新对提升竞争力作用明显，但由于各种原因致使企业自主创新意愿不强，因此在政策层面要形成良好的技术创新激励机制，引导行业内技术创新与资本深化相融合，形成资本技术竞争优势，从根本上提升竞争力水平。轻度污染行业各方面发展比较平稳，技术创新是其发展的关键，要注重自主创新与引进消化吸收再创新的有机结合，为我国高端技术的发展突破奠定坚实基础。中度和轻度污染行业的环境规制有待进一步加强，这两类行业的环境规制对国际竞争力呈现U形影响，尤其是轻度污染行业，基本已处于拐点右侧，对行业竞争力有正向促进作用，因而应适当提高这两类行业的环境规制水平，实现环境保护与产业发展的双赢。

125

第7章 环境规制、技能溢价与制造业国际竞争力

第6章基于环境规制的经济效应展开研究，通过技术创新、资本深化和制造业国际竞争力的联立方程组模型，进行实证分析。环境规制不仅通过技术创新和资本深化影响制造业国际竞争力，且通过对劳动力就业的非对称影响而导致技能溢价，产生社会效应。本章以环境规制影响技能溢价为切入点展开研究。通过构建双层嵌套的 CES 生产函数，推导出包含技术进步效率项的技能溢价方程，将环境规制纳入技术进步效率的影响因素中，最后得到环境规制影响技能溢价的计量方程，并分行业进行实证检验。在此基础上，借助中介效应和面板门槛模型，计量分析环境规制对制造业国际竞争力的直接效应以及通过技能溢价产生的间接效应。

本章结构安排如下：7.1 节引言简要说明当前加强环境规制的严峻形势，以及劳动力工资的上涨情况，梳理两者之间的内在逻辑关系；7.2 节构建环境规制影响技能溢价的理论模型，并提出环境规制本身以及通过技能溢价对制造业国际竞争力影响机制的研究假设；7.3 节根据前文的理论基础和研究假设提出相应的计量模型，并借助中介效应对研究假设进行检验；7.4 节对环境规制影响技能溢价的计量结果，以及中介效应、面板门槛模型的计量结果进行分析解释；7.5 节是本章小结。

7.1 引　言

环境污染、生态破坏、资源能源日趋匮乏是世界各国共同面临的严峻挑战，解决这些全球性问题、发展绿色清洁生产、实现可持续发展已

经成为国际社会的共识。2016 年耶鲁大学发布的《2016 年环境绩效指数报告》中，中国环境绩效指数（EPI）排名倒数第二，成为 PM2.5 超标的"重灾区"①。长期大面积的严重雾霾会影响居民身体健康和生活质量，环境问题已经引起了社会大众和各级政府的高度重视。为了治理雾霾，国家出台了多方面应对措施，包括对制造业进行限产甚至停产。然而，以牺牲经济利益为代价的环保政策，虽有立竿见影的效果，但却不是长久之计。作为一个高速发展的新兴大国，中国不可能因环境压力而放弃制造业，在很长一段时间内制造业仍将是国民经济的重要压舱石。制造业发展不仅面临资源和环境的内部压力，还有来自国际市场的外部压力，尤其是在当前"逆全球化"趋势抬头的背景下，中国制造业发展面临的外部形势更加严峻。一方面，以美国为代表的发达国家在对外贸易方面对中国进行打压，通过结构性减税、放松环境规制等措施吸引制造业回流；另一方面，发展中国家利用成本优势积极嵌入全球价值链，与中国制造业形成直接竞争，挤压中国制造业发展空间。全球制造业正处于激烈变革时期，依托传统比较优势已不能满足新时期提升制造业国际竞争力的需要。因此，摆脱"三高一低"（高能耗、高污染、高排放、低附加值）的粗放型发展模式、加快产业转型升级已经成为提升制造业国际竞争力、实现可持续发展的重大战略举措。

世界经济增长并未使所有人均等受益，反而由于受教育程度、个体技能和劳动生产率等方面的差异，技能型劳动逐渐从普通劳动中分离出来，出现技能劳动力与非技能劳动力需求增长分化，从而形成技能溢价。中国制造业发展不但面临日渐趋紧的环境规制，而且面临劳动力供给减少、成本上升的压力。这两者虽然看似不相关，却有着内在深层次的联系，甚至在一定程度上可以互为解决之道。环境规制趋紧反映在治污投入和治污技术升级上都需要熟练的技能劳动力与之匹配，所以环境规制会增加对技能劳动力的需求，提升技能溢价。如果技能劳动力的工资上升，但其边际产出能够弥补工资上涨，那么制造业国际竞争力仍会提升；而且，劳动力价格变化能够产生劳动力需求结构变化的信号，激励非技能劳动力向技能劳动力转化，提升劳动者群体的整体素质，形成新的技能红利，缓解劳动力供给减少、成本上升的压力，为劳动力和高

---

① Hsu, A, Daniel E, Marc L, et al. 2016 Environmental Performance Index ［R］. New Haven, Yale University, 2016, Available：www. epi. yale. edu.

技术含量资本品的融合创造条件，塑造制造业国际竞争力新优势，反过来也有利于环境规制政策的贯彻实施。

在当前经济下行压力加大、经济结构深度调整的新常态下，环境规制能否创造制造业部门的技能工人新增就业、推动国内劳动力结构调整优化，从而实现环境保护、就业结构优化和产业竞争力提升的多重目标？另外，由于行业特征差异，对环境规制的反应程度也不同，因此环境规制对不同行业技能溢价和就业结构的影响也存在差异。本章研究主要包括两部分创新性工作：一是构建双层嵌套 CES 生产函数，就环境规制对技能溢价的影响机制进行理论分析，并按照不同污染程度行业进行实证检验；二是将技能溢价作为中介变量分析环境规制对制造业国际竞争力影响的传导机制，并以制造业面板数据进行计量分析，对技能溢价的中介效应和门槛效应进行实证检验。本章研究的主要目的是，区分环境规制对不同污染程度行业的就业和工资结构的影响，识别和验证环境规制对制造业国际竞争力的传导路径，以期为政府部门针对不同行业的实际特征制定差异化环境规制政策提供借鉴和参考。

128

7.2　理论分析与研究假设

7.2.1　环境规制对技能溢价的影响

技术进步尤其是物化在设备资本品内的技术进步，一定程度上导致了技能型和非技能型劳动力的需求分化，产生技能溢价。技能劳动者既可以胜任高技能工作，也可以从事无须太多技能的劳动，而非技能劳动力只能从事技能要求较低的工作。于是，劳动力市场出现分化，技能劳动力和非技能劳动力的工资水平分别由各自的供求机制决定，两者之比就是技能溢价。西方发达国家最先关注环境规制与就业问题，严格的环境规制政策很可能造成"棕色失业"。在发展中国家较早关注两者之间的关系是为了从就业维度验证"污染避难所假说"是否成立，即发达国家的"棕色失业"是否转化为发展中国家的"棕色就业"。不过，对这一关系的研究一直备受争议，尚未形成明确统一的研究结论。到目前为止，鲜有文献关注环境规制与技能溢价的关系。一方面，发展中国家环境规制程度越低，就会承接更多发达国家污染程度较高的产业转移，形成"棕色就业"。非技能劳动力就能胜任这部分低端就业岗位，也就增加了对非技能劳动力的需求，形成环境规制的就业规模效应，即本国环境规制放松、技能溢价降低；另一方面，随着环境规制的不断加强，企业更加重视污染治理和绿色生产，就必须引入新的生产技术，从而增加了对技能劳动力的需求，形成"绿色就业"，产生就业替代效应、提高技能溢价。在当前中国环境规制持续加强的背景下，显然替代效应占主导，环境规制约束日渐趋紧应有利于提高技能溢价。

　　研究环境规制对技能溢价的影响，需要将劳动分为技能劳动和非技能劳动两种类型。技术进步往往体现在机器设备投资过程中和劳动力技能水平上，技能劳动和非技能劳动的产出效率差异也主要是通过技术进步偏向性来体现。因此技术进步可分为资本增强型、技能劳动增强型和非技能劳动增强型等三种类型，设定生产函数需要包括三种增强型技术进步的一般形式。并且，将几种要素同时放入模型中，还需要考虑要素替代弹性问题。参考已有研究，同时考虑到要素替代弹性和技术进步偏向性，选择 CES 生产函数更为适宜。假设生产函数满足 CES 形式、不同生产要素的生产效率不同，并且将生产要素分为四类：技术（A）、资本（K）、技能劳动（H）与非技能劳动（L）。假设劳动力充分就业，将产出表示为嵌套 CES 生产函数形式，具体模型如下：

$$Y_t = \left\{ \alpha (A_{Kt} K_t)^{\rho} + (1-\alpha) \left[\beta (A_{Ht} H_t)^{\lambda} + (1-\beta)(A_{Lt} L_t)^{\lambda} \right]^{\frac{\rho}{\lambda}} \right\}^{\frac{1}{\rho}}$$

$$(7-1)$$

　　式（7-1）中，A_{Kt}、A_{Ht} 与 A_{Lt} 均为随时间而变的效率参数，分别代表技术进步对资本、技能劳动与非技能劳动的偏向性。α、β 代表生产要素密集度在资本与劳动、技能与非技能劳动间的分配参数，$e = (1-\rho)^{-1}$ 为资本和劳动的替代弹性，$\alpha = (1-\lambda)^{-1}$ 为技能劳动与非技能劳动的替代弹性，$\rho < 1$ 且 $\lambda < 1$。CES 生产函数放松了对要素间替代弹性的严格限制，允许不同行业要素替代弹性取值存在差异，具有更好的灵活性和适用性；同时，由于生产效率差异反映不同要素增强型的技术进步，进而体现在各生产要素的边际产出上，边际产出的差异会直接引起生产要素构成与相对价格的变化，因此 CES 函数可以用来研究技术进步的非中性问题。

为简化模型推导和表达，令 $B_t = [\beta(A_{Ht}H_t)^\lambda + (1-\beta)(A_{Lt}L_t)^\lambda]^{\frac{1}{\lambda}}$，则生产函数可标准化为如下形式：

$$Y_t = \{\alpha(A_{Kt}K_t)^\rho + (1-\alpha)B_t^\rho\}^{\frac{1}{\rho}} \qquad (7-2)$$

由式（7-2）对各生产要素分别求偏导，可以得到其边际产出：

$$\frac{\partial Y_t}{\partial K_t} = \alpha A_{Kt}^\rho \left(\frac{Y_t}{K_t}\right)^{1-\rho} \qquad (7-3)$$

$$\frac{\partial Y_t}{\partial H_t} = (1-\alpha)\beta A_{Ht}^\lambda H_t^{\lambda-1} B_t^{\rho-\lambda} Y_t^{1-\rho} \qquad (7-4)$$

$$\frac{\partial Y_t}{\partial L_t} = (1-\alpha)(1-\beta) A_{Lt}^\lambda L_t^{\lambda-1} B_t^{\rho-\lambda} Y_t^{1-\rho} \qquad (7-5)$$

技能溢价就是技能劳动力工资 W_t^h 与非技能劳动力工资 W_t^l 的比值，用 W_t 表示。在完全竞争市场假设下，要素报酬与其边际产出相等（第4章的研究中虽探讨了要素价格扭曲问题，但因同一行业面临的要素价格扭曲是一样的，因此该等式仍是成立的）。技能溢价可表示为如下形式：

$$W_t = \frac{W_t^h}{W_t^l} = \frac{\partial Y_t/\partial H_t}{\partial Y_t/\partial L_t} = \frac{\beta}{1-\beta}\left(\frac{A_{Ht}}{A_{Lt}}\right)^\lambda \left(\frac{H_t}{L_t}\right)^{\lambda-1} \qquad (7-6)$$

对式（7-6）两侧同时取对数形式，可以得到：

$$\ln W_t = \ln\left(\frac{\beta}{1-\beta}\right) + \lambda\ln\left(\frac{A_{Ht}}{A_{Lt}}\right) + (\lambda-1)\ln\left(\frac{H_t}{L_t}\right) \qquad (7-7)$$

从式（7-7）可以看出，影响技能溢价的因素主要是技术进步的偏向性、技能劳动与非技能劳动的相对投入，这与陆雪琴和文雁兵（2013）的统计推论一致。他们认为需求方面的技术进步和供给方面的劳动力技能结构共同影响技能溢价，最终结果反映的是两者的合力。劳动力技能结构体现在两种劳动力供给的相对数量上，因此接下来本章着重分析技术进步偏向性的影响因素。

阿西莫格鲁（2003）认为，虽然国际贸易和经济全球化会导致技能溢价现象，但其本质原因可追溯至技术进步。依靠其人力资本和技术禀赋优势，经济全球化使发达国家有条件和能力集中于资本和技能密集型产品的生产；同时，伴随高技术产品的出口和技术授权转让，发达国家偏向性的技术进步逐渐扩散到欠发达国家，使其产品和产业结构随之发生渐进式的技能偏向性技术变革。前文对技能溢价的文献梳理及模型推导表明，技能溢价明显受到技术进步偏向性的影响，对外贸易则是技术进步偏向性进行国际扩散的重要载体（俞会新、薛敬孝，2002）。因此，本章将进出口贸易纳入技术进步效率的决定函数中，考虑到环境规制趋紧会倒逼技术创新，环境规制也是影响技术进步的重要因素，国内学者的大量实证研究表明，外商直接投资也会通过技术溢出显著影响东道国技术进步。另外，还纳入了与技术进步关系最为密切的科研投入。综合上述因素的影响，借鉴盛斌和马涛（2008）的做法，将技术函数 A 设为如下形式：

$$A_{jt} = ER_t^{\gamma_{0j}}T_t^{\gamma_{1j}}MR_t^{\gamma_{2j}}EX_t^{\gamma_{3j}}FDI_t^{\gamma_{4j}}, \quad j \in \{K, H, L\} \tag{7-8}$$

其中 ER 代表环境规制，T 代表科研投入水平，MR 表示进口渗透率，EX 表示出口依存度，FDI 为外商直接投资。对生产技术函数两边取对数形式，可分别得到如下方程：

$$\ln A_{Kt} = \gamma_{0K}\ln ER_t + \gamma_{1K}\ln T_t + \gamma_{2K}\ln MR_t + \gamma_{3K}\ln EX_t + \gamma_{4K}\ln FDI_t \tag{7-9}$$

$$\ln A_{Ht} = \gamma_{0H}\ln ER_t + \gamma_{1H}\ln T_t + \gamma_{2H}\ln MR_t + \gamma_{3H}\ln EX_t + \gamma_{4H}\ln FDI_t \tag{7-10}$$

$$\ln A_{Lt} = \gamma_{0L}\ln ER_t + \gamma_{1L}\ln T_t + \gamma_{2L}\ln MR_t + \gamma_{3L}\ln EX_t + \gamma_{4L}\ln FDI_t \tag{7-11}$$

$$\ln\left(\frac{A_{Ht}}{A_{Lt}}\right) = (\gamma_{0H} - \gamma_{0L})\ln RE_t + (\gamma_{1H} - \gamma_{1L})\ln T_t + (\gamma_{2H} - \gamma_{2L})\ln MR_t$$
$$+ (\gamma_{3H} - \gamma_{3L})\ln EX_t + (\gamma_{4H} - \gamma_{4L})\ln FDI_t \tag{7-12}$$

将式（7-12）代入式（7-7）并化简，可以得到：

$$\ln W_t = \varphi_0 + \varphi_1\ln ER_t + \varphi_2\ln T_t + \varphi_3\ln MR_t$$
$$+ \varphi_4\ln EX_t + \varphi_5\ln FDI_t + \varphi_6\ln\frac{H_t}{L_t} \tag{7-13}$$

式（7-13）中，$\varphi_0 = \ln\beta/(1-\beta)$，$\varphi_n = \lambda(\gamma_{mH} - \gamma_{mL})$，$n = 1$，$2$，…，$5$；$m = 0$，$1$，…，$4$；$\varphi_6 = \lambda - 1$。从式（7-13）可以看出，技能溢价的影响因素主要有环境规制、科研投入、进口渗透率、出口依存度、外商直接投资以及技能和非技能劳动力的相对数量。

当前，中国制造业正处于向绿色低碳转型的关键时期，但基础创新能力薄弱使绿色发展、结构优化和转型升级严重滞后，已成为工业转型升级和经济可持续发展的软肋。对外面临发达国家重振高端智能制造和发展中国家低成本制造快速崛起的双重挑战，对内则面临成本优势逐渐削弱、环境规制趋紧的双重约束，内忧外困的严峻形势使中国制造业迫切需要在新的生产方式上形成新优势，这对顺应世界制造业发展变革、突破国际竞争力提升瓶颈具有重要意义。环境规制无疑是其中一项重要举措，通过引导企业加大对治污与清洁生产技术的研发投入影响技术进步偏向性，提高技能溢价和对技能劳动力的需求，有效扭转当前非技能劳动力供给持续减少、制造业低成本优势逐渐丧失的困局。

本章关注的重点之一是环境规制对技能溢价的影响，根据上述理论模型分析提出：

假说 1：环境规制通过技术进步偏向性对技能溢价产生影响，即环境规制趋紧使企业更加重视绿色生产和治污减排技术的研发应用，从而增加对技能劳动力的需求，提升技能溢价。

7.2.2 环境规制、技能溢价与制造业国际竞争力的传导机制

近年来生态环境恶化及其对人民身心健康的影响，已经将制造业的高耗能、高污染问题推到了风口浪尖，环境规制逐步趋紧是总体趋势，其与制造业国际竞争力的关系研究再次成为政府和学界关注的焦点。环境规制能够引导企业强化清洁生产、推行绿色制造，而这正是当前中国实施制造强国战略的主要着力点之一，是兼顾社会消费需求、环境承受能力、资源利用效率和企业盈利状况等因素的现代化制造模式，也是最符合制造业可持续发展理念的生产模式。环境规制趋紧对制造业国际竞争力的直接效应表现为正反两方面的影响：一方面，传统经济理论认为环境规制打破了企业成本最小化的约束条件，环境成本内部化程度越高，企业负担的成本就越重，挤占企业进行其他更有效率投资的资源就越多，尤其是当竞争对手面临相对宽松的环境限制时，受严格环境规制约束产业的国际竞争力将受到较大冲击；另一方面，环境规制对制造业国际竞争力也有正向影响，主要有以下三种作用渠道。一是环境规制趋紧将促使企业引进污染处理设备、进行生产线与工艺水平的改进，因此在强化的环境规制约束下，本国制造业出口产品能够符合发达国家更严苛的环保标准认证，突破进口国的"绿色壁垒"，从而扩大本国制造业产品的国际市场占有率，提高产品国际竞争力。二是在环境约束趋紧的

背景下，必然有部分高污染、高排放企业无力承担新增污染处理设备、更新生产线的高昂成本而被激烈的产业内竞争淘汰，生产资源重新分配至生存下来的优势企业，从而提升行业的整体竞争力。三是环境规制趋紧还会迫使企业更加注重生产流程本身的整合优化和创新，以求提高产品本身的技术附加值与议价能力，这不但有助于摆脱国际市场低端产品日趋激烈的价格竞争，而且还能够部分缓解由于引进治污设备等所造成的成本上涨压力。因此，环境规制对制造业国际竞争力直接效应的大小和方向取决于其双向影响的合力。

环境规制不仅具有以上直接的"环境—经济"效应，还会产生间接的影响技能溢价和就业结构的社会效应。环境规制趋紧将推动企业进行生产技术迭代更新，产生高技能劳动需求，提升技能溢价；技能溢价引导非技能劳动向技能劳动转化，增加技能劳动供给，最终为提升制造业国际竞争力做好准备。以铸造、锻造、热处理等为代表的基础制造工艺被认为是影响制造业国际竞争力的核心环节，但由于中国的这些基础工艺环节远落后于国际先进水平，致使基础制造工艺阶段成为制造业生产过程中高耗能、高污染和高排放的主要环节（史丹、王俊杰，2016）。现有研究发现，中国高污染、高排放问题迟迟得不到解决，直接原因在于节能降耗、环境治理的核心技术水平落后于发达国家。因此环境规制的实施要想取得可观的成效，需要以突破核心技术为切入点，提升基础工艺水平。突破核心技术的途径主要有基础研究原始创新和引进外国先进技术两种方式。一直以来，中国通过技术密集型产品进口和"干中学"等方式模仿获取发达国家的先进技术，这对短期内推动中国经济起飞有重要作用，但长期内这种模仿不利于国家创新能力的培育和经济持续增长，且技术模仿的产出贡献具有边际递减倾向，关键尖端科技和核心技术难以模仿，在后期必然陷入"越追赶越落后"的窘境。卡梅伦（2005）在研究日本和美国的技术进步特点时，认为模仿者必须进行更多正式研发才能达到技术前沿水平，实现蛙跳式超越。王和谢（2004）将新兴工业化国家高增长和急速转型与一些落后国家低增长和转型停滞的现象做了比较，发现工业部门的发展除了需要新技术，还需要高技能劳动力；工业转型的实现要求各产业协调发展，需要大量使用高技能劳动力的现代工业部门同时启动。

是否能够满足工业部门急速增长的高技能劳动力需求就成为经济转

型成败的关键因素之一。环境规制的实施通过提高技能溢价，既增加了技能劳动供给，又提升了人力资本质量，这正是中国走出上述环境与经济发展困境的可行之路。环境规制趋紧能够推动企业进行生产技术迭代更新，产生高技能劳动需求，提升技能溢价，进而引导非技能劳动向技能劳动转化，增加技能劳动供给。同时，环境规制引起的技术进步偏向性也会推升技能溢价。原因在于，环境规制增加了原生产工艺水平下单位产品的污染排放成本，企业更有动力进行减排治污技术的研发创新。基利（1999）认为，技术创新更偏向于技能劳动互补的技术，新技术的应用又反过来增加了对技能劳动的需求，这个螺旋式的响应过程能够更大程度地提高技能劳动的边际产出。此时技能溢价的提升，最重要的作用在于引导和推动专业技术人才的知识更新与卓越工程师的培养，从而促使技能劳动的供给增加，并通过加强整体人力资本水平对产业国际竞争力产生正向促进作用。这也是政府意向和市场机制激励相容的过程。国家当前正急需高层次、紧缺的专业技术人才和创新型人才，而技能溢价能将这种需求如实反映出来，引导专业技术人才知识更新和先进制造卓越工程师的培养，打造一支高素质的专业技术人才队伍，从而对制造业国际竞争力产生积极影响。环境规制、技能溢价对制造业国际竞争力的具体作用机制如图7-1所示。综合以上分析，提出假设2。

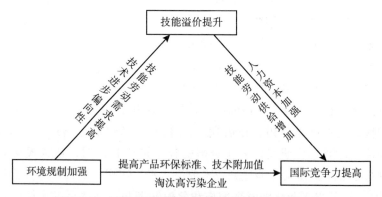

图7-1 环境规制提高产业国际竞争力的传导机制

资料来源：笔者绘制。

假说2：环境规制不仅通过"环境—经济"效应直接影响制造业国际竞争力，而且通过技能溢价产生中介效应影响制造业国际竞争力。

7.3　计量模型与变量界定

结合上文中环境规制对技能溢价的影响机制以及技能溢价影响因素的理论分析，设定如下技能溢价分析方程，对假说 1 进行检验：

$$\ln W_{it} = \varphi_0 + \varphi_1 \ln ER_{it-1} + \varphi_2 \ln T_{it} + \varphi_3 \ln MR_{it} + \varphi_4 \ln FDI_{it}$$

$$+ \varphi_5 \ln EX_{it} + \varphi_6 \ln\left(\frac{H}{L}\right)_{it} + \varepsilon_{it} \tag{7-14}$$

式（7-14）中，被解释变量 W 表示技能溢价，是技能与非技能劳动力工资的比值；虽然统计数据中没有对技能与非技能劳动力工资进行直接区分，但国内学者对此进行的一系列探讨，为测算技能溢价提供了参考。宋冬林等（2010）根据专业技术人员行业分布的多寡情况，用制造业职工平均工资和农林牧渔业职工平均工资的比值作为技能溢价的替代指标。陆雪琴和文雁兵（2013）将技术工人占行业总就业人数最高和最低的行业进行对比研究、并剔除体制因素的影响，选择科学研究和技术服务行业的平均工资与农林牧渔业平均工资之比作为技能溢价的代理变量。由于本章重点研究制造业行业内部的技能溢价差别，不适于按技术人员分布占比情况进行划分。借鉴包群和邵敏（2008）的研究，将各行业的科技人员视为技能劳动力 H，科技活动人员总报酬用科研经费内部支出中的劳务费表示，它与科技活动人数的比值表示技能劳动力人均工资。非科学技术人员统一视为非技能劳动力 L，用全部从业人员年平均人数与科学技术人员数的差值表示，非技能劳动力平均工资用剔除科技人员工资的制造业行业工资总额与非技能劳动力人数的比值表示。

滞后一阶的环境规制 ER 是本章重点关注的解释变量。由于分行业环境规制强度的衡量比较困难，既受当前环境规制实施强度的约束，又与行业本身实施环境规制的意愿和能力等因素相关（李小平等，2012）。鉴于环境规制主要通过技术进步偏向性影响技能溢价，本章的环境规制变量重点关注环境污染治理投入，用废水废气年度运行费用和污染治理投资之和与行业总产值的比值表示环境规制强度，前者直接表明环境规制约束程度，后者表现为行业本身对环境治理的意愿，两者之和代表当前环境规制的强度和力度（董敏杰等，2011）。考虑到环境规制对技能溢价的影响具有一定的滞后性，所以以其一阶滞后项作为解释变量。

　　T 表示科技活动相关的支出经费，科研投入高、用于高技能劳动的薪酬激励比重增加，提升技能溢价，用分行业的科研经费内部支出、技术改造和技术获取费用之和表示。MR 表示进口商品的渗透程度，用行业进口总值与行业总产值的比值表示。已有研究表明当前中国进口中间品的技术含量普遍较高，那么相应生产过程中所需配套的技能劳动力就越多，从而提升技能溢价（盛斌和马涛，2008）。FDI 代表外商直接投资，用分行业实收资本中港澳台资本和外商资本之和表示。现有研究显示，FDI 一方面通过技术溢出提升技能溢价，另一方面因要素禀赋优势，FDI 的流入多以利用中国低成本劳动力为目的，反而会降低技能溢价，所以 FDI 对技能溢价的影响方向不确定，有待进一步验证。出口倾向 EX 用行业出口总值与行业总产值之比表示。进出口值原始数据来自联合国商品与贸易统计数据库，按照中国行业分类标准进行整理得到细分行业进出口值。

　　在完成对技能溢价影响因素的计量模型设定后，为进一步研究环境规制对制造业国际竞争力的直接影响，以及环境规制通过技能溢价对制造业国际竞争力的间接影响，本章拟借助中介效应模型进行检验。中介效应模型表明，如果将解释变量 X 对被解释变量 Y 的影响进行分解，不仅含有 X 对 Y 的直接影响，还包含通过中间变量 M 对 Y 产生的间接影响，那么 M 就是中介变量，即中介变量是解释变量对被解释变量发生间接作用的内部传导媒介。中介效应所体现的传导机理，恰好与前文理论假说 2 相一致，所以本章通过中介效应模型对假说 2 进行检验。中介效应的检验程序是，首先构造解释变量 X 对被解释变量 Y 的回归方程模型，检验 X 的系数是否显著，若不显著表明二者之间没有稳定关系，中介效应也就无从谈起；若回归系数显著，则进行第二步检验，即构建解释变量 X 对中介变量 M 的回归模型（2），以及解释变量 X 和中介变量 M 对被解释变量 Y 的回归模型（3），检验中介效应是否存在。如果模型（2）和模型（3）中 X 的系数均显著，且模型（3）中变量 M 的系数显著，则为部分中介效应；如果模型（2）中 X 系数显著，模型（3）中 M 系数显著但 X 系数不显著，则为完全中介效应。根据上述分析，构建如下计量检验模型：

$$RCA_{it} = \phi_0 + \phi_1 \ln ER_{it-1} + \phi_2 \ln CD_{it} + \phi_3 \ln PT_{it}$$

$$+ \phi_4 \ln MR_{it} + \phi_5 \ln PI_{it} + \phi_6 \ln SIZE_{it} + \delta_{it} \qquad (7-15)$$

$$\ln W_{it} = \varphi_0 + \varphi_1 \ln ER_{it-1} + \varphi_2 \ln T_{it} + \varphi_3 \ln MR_{it} +$$

$$\varphi_4 \ln FDI_{it} + \varphi_5 \ln EX_{it} + \varphi_6 \ln\left(\frac{H}{L}\right)_{it} + \varepsilon_{it} \qquad (7-16)$$

$$RCA_{it} = \eta_0 + \eta_1 \ln ER_{it-1} + \eta_2 \ln W_{it} + \eta_3 \ln CD_{it} + \eta_4 \ln PT_{it}$$

$$+ \eta_5 \ln MR_{it} + \eta_6 \ln PI_{it} + \eta_7 \ln SIZE_{it} + \mu_{it} \qquad (7-17)$$

以上中介效应模型中，X 为环境规制，M 为技能溢价，Y 为制造业国际竞争力；ϕ_1 是 X 对 Y 的总效应，$\varphi_1 \times \eta_2$ 是通过中介变量 M 传导的中介效应，η_1 为 X 对 Y 的直接效应，当只有一个中介变量时，各系数之间的关系为：$\phi_1 = \eta_1 + \varphi_1 \times \eta_2$，即中介效应的大小可以用总效应与直接效应之差表示，具体关系如图 7-2 所示。

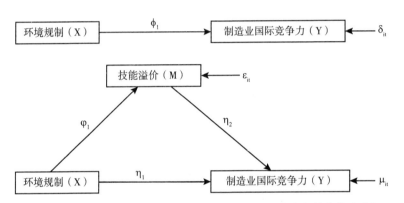

图 7-2 环境规制、技能溢价与制造业国际竞争力的中介效应传导路径
资料来源：笔者绘制。

制造业国际竞争力水平用 RCA 指数表示，该指数以行业出口占总出口的比重与世界上该行业出口占总出口比重的相对比值表示。该指数关注的不只是绝对出口量多少，更注重出口质量，所以能较为客观地体现国际竞争力水平，也是国际竞争力相关研究最为常用的测度方法。CD 代表资本深化程度，用行业固定资产净值与行业从业人员年平均人数的比值表示。PT 为分行业的专利申请数，反映技术创新对国际竞争力的影响，技术含量越高，行业竞争力越强，预期 PT 对 RCA 有正向影响。MR 仍然表示进口渗透率，中国进口占比大的是大宗原材料和高技术产品，高技术产品的技术溢出效应，直观上有利于竞争力提升。PI

表示工业生产者出厂价格指数，该指数越大、生产成本越高，越不利于竞争力提升。SIZE 代表行业规模，以工业总产值表示，行业规模越大、规模效应就越显著，预期该指标对 RCA 有正向影响。

7.4 计量结果分析

本章以制造业行业面板数据为样本进行计量检验。变量的下标 i 表示制造业行业，t 表示时间。δ_{it}、ε_{it} 与 μ_{it} 分别表示随机扰动项。Hausman 检验结果显示应选择固定效应模型，考虑异方差和截面相关，使用"xtscc，fe"命令进行回归，以减弱异方差和截面相关对回归结果的影响。分析环境规制对技能溢价的影响时，除对制造业整体进行研究外，还参考余东华和胡亚男（2016）依据环境规制强度对制造业进行分类的结果，分别对重度、中度和轻度污染的细分行业进行分类分析。所用数据主要来源于《中国统计年鉴》《中国工业统计年鉴》《中国环境统计年鉴》《中国劳动统计年鉴》《中国科技统计年鉴》以及联合国商品与贸易统计数据库。

7.4.1 环境规制对技能溢价影响的回归分析

首先采用技能溢价分析方程，即式（7-14），分析环境规制对技能溢价影响，具体回归分析结果如表 7-1 所示。

表 7-1   环境规制对技能溢价影响的回归分析结果

变量	模型（1）	模型（2）	模型（3）	模型（4）
L. lnER	0.0544 *** (4.38)	0.1060 *** (4.50)	0.1150 * (2.26)	0.0457 ** (2.42)
lnT	0.2420 *** (3.95)	0.0906 ** (3.19)	0.2830 *** (5.88)	0.2750 ** (3.10)
lnMR	0.2340 *** (4.74)	0.00125 (0.03)	0.6880 *** (7.41)	0.2960 ** (2.70)

变量	模型（1）	模型（2）	模型（3）	模型（4）
lnFDI	− 0.0104 （− 0.32）	− 0.0871 ** （− 2.56）	− 0.1690 ** （− 2.57）	0.0142 （0.33）
lnEX	− 0.0450 * （− 1.72）	− 0.0401 ** （− 2.43）	− 0.2250 *** （− 4.38）	− 0.0239 （− 0.43）
lnHL	− 0.2520 *** （− 5.64）	− 0.2160 *** （− 7.33）	− 0.2820 *** （− 7.65）	− 0.2320 *** （− 3.51）
_cons	1.8460 *** （4.83）	0.9400 *** （4.01）	5.1370 *** （8.56）	2.2950 ** （2.92）
样本数	308	99	77	132
R^2	0.5500	0.5956	0.6377	0.5798
F 值	96.71	2701.94	518.10	49.46

注：***、** 和 * 分别表示回归系数在 1%、5% 和 10% 水平上显著，括号内为系数检验的 t 值。

表 7 - 1 中，模型（1）是对制造业整个行业的回归，模型（2）是对重度污染行业的回归，模型（3）是对中度污染行业的回归，模型（4）是对轻度污染行业的回归。从表 7 - 1 可以看出，整体上环境规制（L. lnER）对技能溢价有正向影响，回归系数为 0.0544 且在 1% 水平上显著，说明环境规制每提升 1 个百分点，技能溢价提升 0.0544 个百分点，这一结果验证了假说 1。环境规制趋紧要求企业进行绿色生产转型并加强治污减排技术的开发应用，通过技术进步偏向性确实提升了技能溢价水平。分行业的面板估计结果也比较理想：重度污染行业回归系数为 0.106，在 1% 水平上显著；中度污染行业系数为 0.115，在 10% 水平上显著；轻度污染行业系数为 0.046，在 5% 水平上显著。这说明在当前环境规制日渐严格的政策背景下，重度和中度污染行业的反应更加强烈，而且由于其切实关系到人们的生命健康安全而备受关注。受这种外在压力的驱动，企业必须对生产过程产生的污染物进行减排处理，不论是生产工艺的升级改进还是末端污染治理，都需要掌握相应技术的技能劳动者；因此相对于非技能劳动，企业对技能劳动的需求会明显增加，从而环境规制对技能溢价表现出正向影响，且系数较大。轻度污染行业多属于技术密集型行业，行业从业人员本来就偏

重于技能应用，加之受环境规制的约束较小，所以轻度污染行业的系数估计最小。

从控制变量的回归结果看，科研投入对技能溢价的正向影响显著，总体系数为0.242。研究与开发属于复杂的科技活动，只有技能劳动者才能胜任，所以科研投入显著提升技能溢价，这一结果与预期相符。重度污染行业的科技投入回归系数最小，缘于重度污染行业具有很强的技术惯性，进行技术突破的难度大、收益低，尽管当前迫切需要进行治污技术的创新研发，但相对于其他行业，总体科研投入倾斜力度并不大，对技能溢价的影响最小。中度污染行业的系数最大，为0.283；轻度污染行业系数稍小，为0.275。轻度污染行业多为技术密集型行业，行业劳动力的工资水平已相对偏高，科研投入也已处于较高水平，所以其对技能溢价的影响就不如中度污染行业明显。

从表7-1中可以看出，进口渗透率MR的系数为0.234且在1%水平上显著。进口在总体上提升了技能溢价，通过国际贸易采购的机器设备需要高技能劳动力与之相匹配，增加了对技能劳动的需求。按照不同环境规制强度进行分析，重度污染行业的进口与技能溢价呈正向关系但不显著，这与行业进口的产品类别相关，重度污染行业等进口的主要是初级产品和原材料等。这些产品进口不会增加对技能劳动力的需求，相反却增加了非技能劳动力的需求，导致MR回归系数不显著。中度污染行业的MR回归系数为0.688，系数较大且在1%水平上显著。中度污染行业进口多源于发达国家将较低技术环节向中国进行的生产转移，但这些生产环节对中国而言仍属高技术范畴且技术溢出效应明显，对技能劳动的需求影响较大，因此MR系数估计值最高。此外，轻度污染行业的该项系数为0.296、在5%水平上显著，说明其进口也有利于提高技能溢价但作用系数小于中度污染行业，原因在于这类进口产品属于核心技术产品、甚至是尖端技术产品，需要专业人员与之匹配，价值量虽大但对技能劳动力需求的带动效应却较为有限。

外商直接投资（FDI）对技能溢价总体表现为负向影响。重度和中度污染行业在5%水平上显著为负。这是由于在国际分工中，中国是以低要素成本优势嵌入到全球价值链，对外资具有较强吸引力的也是中国的低廉劳动力，外资流入的主要行业普遍技术附加值较低，因此扩大了对非技能劳动力的需求，缩小了技能溢价，这与李珊珊（2015）研究结论是一致的。尽管有部分 FDI 进入高技术行业，能够产生一定的技术外溢效应、掌握和吸收这些技术能够提高行业的技能溢价水平，但因其占整体比重很小，并不影响总体计量估计结果，即 FDI 进入对技能溢价表现出负向影响。

最后，出口（EX）对技能溢价的回归系数为 -0.045、在 10% 水平上显著；分类面板估计结果中，重度和中度污染行业的负向影响系数更为显著，说明中国出口的比较优势仍集中于劳动密集型产品，对非技能劳动力需求增加，降低技能溢价。HL 代表技能与非技能劳动力就业人数的比值，供求关系的变化将会显著影响价格水平：技能劳动力的供给增加，技能溢价水平将会相应降低，所以各回归方程中 HL 的系数均显著为负。

7.4.2　技能溢价中介效应实证结果分析

环境规制对制造业国际竞争力的直接影响以及通过技能溢价产生的中介效应可以通过式（7-15）、式（7-16）和式（7-17）进行检验，具体回归分析结果见表 7-2 所示。环境规制从实施到产生实际作用有一定的时间滞后性，与前文相对应，将环境规制的一阶滞后项引入模型。表 7-2 中的模型（1）检验滞后一期环境规制对制造业国际竞争力的总体效应，可以看出环境规制对制造业国际竞争力的影响系数为 0.0177，在 1% 水平上显著为正。传统理论认为提高环境规制强度会增加生产成本，降低企业竞争力；但"波特假说"认为，动态环境规制倒逼企业进行绿色创新和清洁生产，"创新补偿效应"和"先动优势"形成企业新的竞争优势。中国当前面临严峻的环境污染形势，各级政府将环境治理放在前所未有的突出位置，制造业首当其冲、甚至直接被限产停产，使企业经营绩效受损。所以大部分的理性生产者从收益最大化角度出发，将选择遵循环境规制要求，进行治污技术研发和应用，以节约资源、开展清洁生产。面对环境规制压力，这些具有危机感和转型意识的制造业企业，其产品不但更容易得到消费者认可，而且能够跨越发达国家的绿色壁垒、增强出口竞争力，同时还有利于树立企业良好的社会形象，提升品牌竞争力和社会美誉度。

表 7 – 2　　环境规制与制造业国际竞争力的直接影响与中介效应回归结果

变量	模型（1）RCA	模型（2）lnW	模型（3）RCA	模型（4）RCA
L. lnER	0.0177*** （2.82）	0.0544*** （4.38）	0.0184*** （2.83）	0.0190*** （3.01）
lnW			−0.0437** （−2.34）	−0.0699*** （−6.34）
lnW2				0.0325 （0.97）
lnCD	−0.0791*** （−3.00）		−0.0897*** （−3.50）	−0.0921*** （−3.51）
lnPT	0.0059** （2.22）		0.0047*** （3.00）	0.0057*** （2.89）
lnPI	−0.5840*** （−6.96）		−0.5860*** （−6.61）	−0.5850*** （−6.54）
lnSIZE	0.1030*** （12.00）		0.1040*** （12.52）	0.1040*** （11.94）
lnMR	0.4710*** （19.35）	0.2340*** （4.74）	0.4850*** （18.12）	0.4820*** （17.08）
lnT		0.2420*** （3.95）		
lnFDI		−0.0104 （−0.32）		
lnEX		−0.0450* （−1.72）		
lnHL		−0.2520*** （−5.64）		
_cons	4.930*** （11.09）	1.8460*** （4.83）	5.0500*** （10.24）	5.0310*** （9.89）
样本数	308	308	308	308
R^2	0.3955	0.5500	0.3986	0.3993
F 值	397.80	96.71	233.61	380.51

注：***、**和*分别表示回归系数在1%、5%和10%水平上显著，括号内为系数检验的 t 值。

　　由于环境规制对制造业国际竞争力具有显著正向影响，因此中介效应检验可继续进行。表7-2中的模型（2）为环境规制对中介变量技能溢价的影响，回归系数在1%水平上显著为正，其他变量回归系数的含义在上文已详细说明，此处不再赘述。模型（3）中，环境规制和技能溢价回归系数均显著，说明存在部分中介效应，环境规制对制造业国际竞争力有直接影响，系数为0.0184，同时通过技能溢价产生中介效应。此处，研究结果发现与理论部分假说2所提出的"技能溢价对制造业国际竞争力有正向影响"不同，模型（3）中的技能溢价对竞争力影响系数为-0.0437，在5%水平上显著，这是产生负向中介效应的主要原因，即技能溢价削弱了环境规制对制造业国际竞争力的影响。因此，为进一步检验技能溢价对制造业国际竞争力是否存在非线性影响，模型（4）在模型（3）的基础上加入了技能溢价的平方项进行检验，结果显示二次项系数大于零，虽然不显著但也说明技能溢价对制造业国际竞争力的影响确实存在非线性特征，所以在后文中通过区分不同门槛区间对此进行更深入的计量分析。

　　从表7-2可以看出，资本深化（CD）对国际竞争力有负向影响。不加入技能溢价时，系数为-0.0791，加入技能溢价之后，系数为-0.0897，且都在1%水平上显著。在经济的起步阶段，资本积累开始快速增长，此时的劳动力素质较差、边际产出较低，工资整体水平不高，资本更多地与低素质劳动力相结合，人均资本存量仍处于低水平。这与中国当时的发展阶段相适应，劳动密集型产业发展迅速。但随着经济持续高速发展，资本积累已经达到较高水平，剩余劳动力供给趋于紧张、农村可转移劳动人口减少，部分学者认为中国已达到"刘易斯拐点"或进入"刘易斯区间"（蔡昉，2007），资本积累增加而劳动力供给减少，最优资源配置比例被打破，反而不利于竞争力的提升。

　　专利技术（PT）对国际竞争力有显著的正向影响，这与多数研究的结论一致。不同于研发资金投入可能涉及研发成本大于收益的问题，技术专利是企业已取得的具体研发成果，以技术专利申请量代表技术创新能力更为准确。专利申请越多，技术推动效应就越大，技术创新是竞争力提升的根本途径，所以回归结果表现为显著正向影响。从表7-2中还可看出，进口渗透率（MR）对制造业国际竞争力有显著的正向影响。通常认为中国主要是向发达国家学习引进成熟技术以实现技术进步的目标，具体途径就是购买先进机器设备和吸引外资等。所以进口是产生技术进步的重要路径，从而提升产业竞争力，尤其是技术资本品的进口就更是如此。出厂价格与竞争力表现出稳定的负向关系：价格越高利润空间就越是被挤压，不利于制造业国际竞争力的提升。行业规模越大，往往规模经济效应更明显，因此对制造业国际竞争力有显著正向影响。

7.4.3　技能溢价门槛效应实证结果分析

从前面理论分析中可以看出，技能溢价对国际竞争力有正向影响，但实际结果显示技能溢价对制造业竞争力的回归系数为负值，这与理论预期不符。技能溢价为技能劳动力对非技能劳动力工资的比值，考虑到其在不同区间内对制造业竞争力的影响可能有所差异，因此本章以技能溢价为门槛变量进行门槛效应分析，以检验不同区间内技能溢价对制造业国际竞争力的影响是否不同。

在估计模型之前先对面板门槛模型的形式进行检验。为确定门槛值及个数，运用 Bootstrap 抽样法模拟似然比统计量 2000 次，估计出门槛值及相关的统计量，具体结果如表 7 - 3 所示。根据表 7 - 3 的估计结果，单一门槛、双重门槛的 F 统计量分别在 10% 和 5% 水平上显著，而三重门槛的 F 统计量不显著，且与双重门槛的 F 值比较接近，所以应该认为技能溢价存在双门槛效应，可以将技能溢价作为门槛变量研究环境规制对国际竞争力的影响。在不同的门槛区间内，技能溢价对竞争力的影响不同，环境规制通过技能溢价对竞争力的影响也将不同，因此本章依据技能溢价的不同门槛值设定虚拟变量，生成与环境规制变量的交乘项，研究环境规制与制造业国际竞争力的非线性关系。双门槛模型的具体形式设定如下：

$$RCA_{it} = \alpha_0 + \alpha_1 \ln CD_{it} + \alpha_2 \ln PT_{it} + \alpha_3 \ln MR_{it} + \alpha_4 \ln PI_{it} + \alpha_5 \ln SIZE_{it}$$
$$+ \beta_1 \ln W_{it} \cdot I(\ln W_{it} \leq \gamma_1) + \beta_2 \ln W_{it} \cdot I(\gamma_1 < \ln W_{it} \leq \gamma_2)$$
$$+ \beta_3 \ln W_{it} \cdot I(\ln W_{it} > \gamma_2) + v_{it}$$

$$RCA_{it} = \alpha_0 + \alpha_1 \ln CD_{it} + \alpha_2 \ln PT_{it} + \alpha_3 \ln MR_{it} + \alpha_4 \ln PI_{it}$$
$$+ \alpha_5 \ln SIZE_{it} + v_{it} + \beta_1 \ln ER_{it-1} \cdot I(\ln W_{it} \leq \gamma_1)$$
$$+ \beta_2 \ln ER_{it-1} \cdot I(\gamma_1 < \ln W_{it} \leq \gamma_2) + \beta_3 \ln ER_{it-1} \cdot I(\ln W_{it} > \gamma_2)$$

表7-3   门槛效应检验

项目	门槛值	F 值	P 值	10%临界值	5%临界值	1%临界值
单门槛检验	0.4201 *	3.5500	0.0570	2.5757	3.7632	6.8179
双门槛检验	0.7115 **	4.3874	0.0390	2.0876	3.6733	7.3308
三门槛检验	0.6803	1.6761	0.1195	2.1673	3.6303	6.7192

注：P 值和临界值均为采用 Bootstrap 自助法重复抽样 2000 次得到的结果。

应用表7-3的门槛效应检验结果，根据技能溢价的水平将全行业分为三个区间：区间一为（lnW≤0.4201），区间二为（0.4201＜lnW≤0.7115），区间三为（lnW＞0.7115）。然后，重点分析在不同区间内，技能溢价以及环境规制通过技能溢价对国际竞争力的影响。表7-4给出了不同门槛区间内这两个变量的回归结果，控制变量系数估计结果与前文基本一致，此处不再列出。

表7-4   门槛回归结果

门槛区间	技能溢价	系数估计值	环境规制	系数估计值
d1（lnW≤0.4201）	lnW × d1	0.0158 * (1.80)	LlnER × d1	0.0171 *** (2.89)
d2（0.4201＜lnW≤0.7115）	lnW × d2	－ 0.0572 ** (－2.13)	LlnER × d2	0.0209 *** (3.43)
d3（lnW＞0.7115）	lnW × d3	－ 0.0731 (－0.64)	LlnER × d3	0.0217 (0.39)

注：***、** 和 * 分别表示回归系数在1%、5%和10%水平上显著，括号内为系数检验的 t 值。

从表7-4中可以看出，在 lnW≤0.4201 时，技能溢价对制造业国际竞争力有正向影响，在此区间内技能溢价的提升对技能劳动激励效应明显、能够显著提高技能劳动的边际产出。中国当前技能溢价水平有所逆转，多数行业正处于该区间段内，主要是因为近几年中国平均劳动力工资水平快速提高。尤其是 2003 年以来，劳动要素实际工资的年均增速已经接近 9.58%，技能劳动工资水平虽然在提升，但上升速度小于平均工资涨幅，所以表现出技能溢价逆转的现象。在此区间内，劳动力成本实际已经处于较高水平，但技能溢价提升仍然对制造业国际竞争力提升有显著影响，说明生产者已充分认识到技能人才对当前制造业转型升级的重要意义。

当 lnW 取值位于 ［0.4201，0.7115］ 区间内时，技能溢价对制造业国际竞争力呈现显著的负向影响。在此区间内，技能溢价提升将导致企业支付的技能劳动者工资成本增加，但其本身技能素质与制造业技能需求不匹配。由于义务教育普及和大学扩招，这部分劳动力对工资要求提高，但大学毕业生虽有较高的劳动素质和通用性的知识技能，但与实际工作紧密相关的技能积累不足。这类技能劳动的增加短期内难以提升生产效率，不利于制造业国际竞争力提升。根据王志华和董存田 （2012）对制造业结构和劳动力素质吻合度的测算，劳动力素质提升与制造业升级结构不匹配，导致人力资源的极大浪费，而且造成愈演愈烈的大学生就业难问题。在本章样本数据中，技能溢价的大部分观测值位于此区间内，所以整体上表现出技能溢价提升对制造业国际竞争力的负向影响。

在技能溢价更高的区间内 （lnW > 0.7115），回归结果不显著，这可能与观测样本容量有关，中国目前很少有行业的技能溢价水平位于此区间内。但根据发达国家的经验，即使位于较高水平，技能溢价的提升对制造业国际竞争力的影响应仍是显著的。世界经济论坛公布的全球竞争力报告中，名列前茅的国家有一个共性就是拥有大量的科技研发应用人才，尤其是在生产一线工作的高技能工人。相对而言，中国在技能人才储备方面还有较大差距，因此技能溢价进入较高区间时对制造业国际竞争力会产生怎样的影响有待未来进一步检验。

表 7-4 中还给出了技能溢价的不同门槛区间内，环境规制一阶滞后项对制造业国际竞争力影响的回归结果。三个区间系数依次增大，第一个和第二个区间内的环境规制的回归系数均在 1% 水平上显著为正，第三个区间内该系数虽不显著但仍大于零。这说明随着技能溢价的提升，环境规制对国际竞争力的影响逐渐增强。技能溢价提升，技能劳动供给增加，能更好契合环境规制提升所催生的新技术和新工艺的要求，绿色技术与技能劳动的匹配更为顺畅，环境规制更容易推进，使创新补偿作用能更好地得到发挥。中国当前环境规制政策的执行日渐严格，劳动力供给减少、成本上升，不能再依附于低劳动力成本的比较优势，技能溢价提高导致技能劳动供给增加，其生产效能远高于低技能劳动，既

能缓解劳动力供给持续减少的困境，又能打造一支高素质技能人才队伍、为制造业转型突破提供有力支撑。

7.5　本　章　小　结

在强化生态环境保护的大背景下，环境规制对中国的劳动就业和制造业国际竞争力将产生怎样的影响，如何协调好三者之间的关系，一直备受社会各界关注。借助双层嵌套 CES 生产函数对环境规制与技能溢价关系的理论分析，本章将环境规制纳入技术进步偏向函数，即环境规制通过技术进步偏向性影响技能溢价，推导出了可用于回归估计的计量方程并进行了实证检验。研究结果表明，滞后一期的环境规制对技能溢价提升作用显著，且重度和中度污染行业的系数较大，说明这两类行业的相对工资水平受环境规制影响明显，轻度污染行业多属技术密集型行业，受环境规制影响略小，因此其回归系数较小。环境规制通过技术进步偏向性提升了技能溢价，但其传导路径并没有到此结束，还会通过人力资本积累和技能劳动供给增加发挥提升制造业国际竞争力的作用。通过区分环境规制对制造业国际竞争力的直接效应和通过技能溢价对制造业国际竞争力的中介效应，本章对环境规制与制造业国际竞争力之间的关系进行了理论分析与实证检验。结果显示，环境规制对制造业国际竞争力有显著的正向直接效应，但由于技能溢价与制造业国际竞争力之间表现出显著负向关系、使中介效应为负，与理论预期相反。这引起了对技能溢价是否具有门槛效应的进一步思考，并对此进行了实证检验。基于面板门槛模型的检验发现，技能溢价对制造业国际竞争力的影响存在双重门槛效应。第一个门槛区间内，技能溢价对竞争力有显著正向影响，而在第二个区间内，由于技能与需求不匹配，工资虚高，技能溢价对竞争力表现出负向影响。本研究所使用的样本观察值多位于第二区间内，这就很好地解释了表 7－2 对中介效应的整体回归结果中为什么技能溢价对制造业国际竞争力表现出显著负向影响。从表 7－4 门槛回归结果中可以看到，环境规制在不同技能溢价门槛区间对国际竞争力的影响也不相同。随着技能溢价水平提升，环境规制对制造业国际竞争力的影响更为明显，说明技能劳动的增加有利于环境规制的推进及效果提升。

第8章　研究结论及政策建议

8.1　研究结论

为真实反映当前中国制造业国际竞争力水平，本书构建了 FRIT 评价指标体系，旨在综合考虑代表竞争力传统比较优势的要素价格扭曲、新崛起的代表竞争优势的环境规制，以及制度环境和技术创新四个重要影响因素的基础上，对中国制造业国际竞争力进行测算。在此基础上，着重以要素价格扭曲和环境规制为切入点，深入探讨其对制造业国际竞争力的影响及作用机制。主要结论可概括为以下几点：

（1）从测算的制造业国际竞争力综合评价指数可以看出，近十几年来我国制造业竞争力虽有波折但总体呈上升趋势，制造业实力雄厚。从分行业的测算结果看，综合考虑要素价格、环境规制、制度和技术创新四个因素的情况下，相比劳动密集型行业，资本技术密集型行业的制造业国际竞争力更强。从分地区的制造业竞争力发展情况看，东部地区优势最明显，中部地区稳健提升，西部地区后期表现乏力，地区发展不平衡现象比较严重。从各影响因素的比重可以看出，要素价格和制度是当前影响制造业国际竞争力的两个主要因素，尤其是要素价格，依然是我国制造业国际竞争力的主要来源。技术创新虽然对制造业国际竞争力影响明显，但这与发达国家技术进步对经济发展的带动作用相比还有较大差距，技术进步的能动作用还需继续挖掘。最后环境规制对制造业国际竞争力的影响最弱，那么如何发挥环境规制的"先动优势"和"创新补偿效应"，实现经济发展与环境保护的可持续发展，顺利实现制造业国际竞争力提升的动能转换，也就成为本书研究的重点内容之一。

（2）将要素价格扭曲与技术进步方向纳入统一的理论框架进行研究，结果表明，我国要素价格存在严重的负向扭曲，且由于长期实行重工业优先发展的战略的影响，使资本比劳动价格的扭曲程度更为严重，从而使得我国的技术进步呈现资本偏向性特征。实证研究表明，要素价格扭曲本身以及由此形成的资本偏向性技术进步，均对制造业国际竞争力产生显著的正向影响，这也与我国一直以来低要素成本比较优势的现实状况相符。但现有研究也发现，要素价格扭曲造成的资源配置效率损失惊人，纠正要素价格扭曲已成为市场机制改革的重要内容。纠正要素价格扭曲以及我国经济发展对生产要素需求的增加，势必会导致生产要素价格上涨。通过对生产要素价格上涨与制造业国际竞争力的实证研究表明，生产要素价格上涨并不必然导致制造业国际竞争力的下降，相反还对其有显著倒逼作用。

（3）本书对环境规制的研究主要从其经济效应和社会效应两方面展开，环境规制通过技术创新和资本深化两个变量影响制造业国际竞争力，通过构建联立方程组模型的实证分析发现，技术创新、资本深化与制造业国际竞争力三者之间有着错综复杂的内部关系，而环境规制对技术创新和制造业国际竞争力有显著正向影响，而对资本深化的影响则表现出较强的行业异质性；另外，构建资本和劳动、技能劳动和非技能劳动双层嵌套的 CES 生产函数，推导出技能溢价理论模型，将环境规制纳入技术进步偏向的影响因素，研究其对技能溢价的影响，并按照不同污染程度行业进行实证检验，结果表明滞后一期的环境规制对技能溢价提升作用显著，且重度和中度污染行业的系数更大。在此基础上对技能溢价的中介效应和门槛效应进行实证检验，结果显示，环境规制对制造业国际竞争力有显著的正向直接效应，但由于技能溢价与制造业国际竞争力之间表现出显著负向关系、使中介效应为负，进一步基于面板门槛模型的检验发现，技能溢价对制造业国际竞争力的影响存在双重门槛效应，第一个门槛区间内两者正相关，而在第二个门槛区间内，由于技能与需求不匹配，工资虚高，技能溢价对竞争力表现出负向影响。但在技能溢价更高的门槛区间内，环境规制对制造业国际竞争力的影响更为明显，说明技能劳动的增加有利于环境规制的推进及效果提升。

149

8.2 政 策 建 议

中国制造业快速崛起的重要原因之一就是扭曲的要素价格为企业提供了大量廉价资本和劳动力，我们的实证分析充分证明了这一观点。但难以忽视的是，持续的要素价格扭曲也会严重影响资源配置效率，一个直接后果就是造成大量资源浪费；而且由于要素投入不能得到合理回报，使资本停留在金融体系内空转、难以流入实体经济，且劳动者收入较低、消费被长期压抑，进而侵蚀国民经济的长期增长潜力。随着中国人口红利的逐渐消失，新增劳动力供给下降，技能人才与制造业发展需求不匹配，高科技人才短缺，劳动力市场出现"两头用工荒"与"中间就业难"并存的现象。伴随工业化和城镇化进程加快，长期粗放型的经济增长方式使中国现阶段集中出现了诸如环境污染、人力成本快速提高等发达国家在上百年工业化过程中出现的同类问题，致使制造业转型升级面临重重困难。结合本书的研究结论以及中国制造业发展面临的总体环境，提出以下针对性政策建议：

（1）加快资本要素的市场化改革，理顺资本价格形成机制。虽然从实证结果可以看出，资本价格扭曲有利于制造业国际竞争力的提升，但从国民经济的可持续发展角度看，利率市场化应该是长期努力的方向。一方面利率过低使资金脱实入虚、大量流入金融和房地产领域，造成实体经济融资困难，不利于经济长远发展；另一方面长期以来，国有企业因其独特的超国民待遇与国有银行联系紧密，往往可以廉价地获取信贷资源，加剧了资本价格的相对扭曲，这在相当程度上损害了民营经济的发展，使其很难享有国有企业的融资便利。因此，应该进一步推进资本市场改革、减少信贷歧视、增加实体经济融资渠道，以降低在纠正要素价格扭曲过程中对制造业竞争力的不利冲击。另外还要注重提高资本使用效率，积极探索资本与技术相互融合的制造业转型升级路径。从制造业国际竞争力的其他影响因素来看，资本深化有显著的负向影响，说明当前资本与劳动的匹配融合并不是最具效率的。制造业企业在面临激烈的国际市场竞争时，不应进行简单盲目的资本扩张，而应注重如何提高资本使用效率，促进资本与技术的紧密融合。

（2）提高劳动者收入，消除劳动力价格扭曲。由于人口红利及制度性因素影响，劳动力价格被长期压低，不利于提高劳动者生活水平及消费需求。从测算结果看，行业间的劳动力价格相对扭曲更为严重。因此要破除制度障碍，不断提高劳动者收入份额，但同时应充分考虑企业的承受能力，实现劳动力价格扭曲的平稳降低。另外，从出口贸易角度看，要素价格负向扭曲意味着国内生产要素丧失了应得收入，企业通过低价竞争将生产要素所得补贴给了国外消费者，这种贸易条件恶化型出口模式对本国社会福利的改善十分有限。因而出口贸易政策的制定不仅要关注规模增长，更应关注贸易利益，不断改善劳动者收入水平。

同时要加强技能型人才的培养，通过获取"人才红利"提升中国制造业国际竞争力。环境规制趋紧增加了对技能劳动的需求，提升了技能溢价，这就向劳动力市场传递了要求劳动者提高技能的信号，引导非技能劳动向技能劳动转化，技能溢价提升能将这种需求通过价格反映出来，但这仅是促进竞争力提升的第一步，更重要的是技能劳动质量结构要契合产业发展的需要，避免陷入技能溢价提升但劳动者技能与岗位需求错配、反而削弱产业竞争力的困境。要瞄准国家重大战略需求和未来产业发展制高点，充分发挥高等教育在人才培养方面的资源优势，促进教育与科技产业、通用知识和专业技能相融合，构筑人才高地。加强对技能型工人的教育和培训，形成一支门类齐全、技艺精湛的一线技能工人队伍，推动制造业转型升级。

（3）坚持环境规制政策导向，制定和实施分类规制政策，充分发挥环境规制对技能溢价和制造业国际竞争力的正面效应。当前，发达国家尤其是美国的"环境保护保守主义"倾向日趋明显，规避国际责任和国际道义的环境政策再次抬头，对中国当前大力推行的绿色发展战略不啻为一种挑战。但是，应该清醒认识到中国生态环境的脆弱性以及在资源承受能力上与美国的巨大差距，不能为了短期的贸易利益而在环境规制方面与美国进行"逐低竞争"，再次退回到"灰色经济"的老路上。应该保持战略定力，在保护生态与经济发展并重的同时，适当加强环境规制、推进集约型清洁生产，逐步从根本上化解生态环境危机。制造业中的重度和中度污染行业作为环境规制的重点对象，对环境规制较为敏感，因此政府应适度加强对这两类行业的环境规制，防止出现高污染企业通过增加低技术劳动力相对投入来转嫁规制成本的行为。强化环

151

境规制措施分类管理的政策导向，改变目前环境规制政策末端治理模式，着眼于构建促进行业清洁生产的长效机制，从源头上减轻工业生产的环境压力。由于信息不对称、治理成本高昂等原因，末端治理容易流于形式，且只能暂时降低污染排放、不能从根源上根本问题。政府需要制定和完善相应的分类规制配套政策，例如，在能源政策方面，通过设置资源税来调整要素相对价格，对企业形成强大的倒逼压力，促使企业向集约清洁生产转型；在财政政策方面，为企业进行清洁生产技术创新提供研发补贴和税收减免等资金支持。轻度污染行业因其本身污染排放相对较少，对当前环境规制政策的反应不敏感，因此对其环境规制措施仍可适度加强，尤其是适当强化对这类行业中一些污染排放相对较高企业的规制，防止其转化为中度或重度污染企业。制定和实施分类规制政策，更有利于发挥环境规制对技能溢价和制造业国际竞争力的正面效应，形成环境规制、技能溢价与产业国际竞争力之间的良性循环。

（4）通过原始创新和引进吸收推动技术进步，注重技术选择的适宜性。研究发现，我国的技术进步呈现资本偏向性特征，与要素禀赋结构不一致，价格扭曲改变了要素的相对禀赋优势是其重要原因。因此，纠正价格扭曲必然会改变要素相对价格、对要素的相对禀赋产生影响，在此过程中，要注重技术选择问题。同时清洁能源、新材料等新兴的高技术产业是未来世界经济发展的新动力，在这些高新技术领域，既要加强基础研究，注重培育自主创新能力；同时也要注重引进具备先进技术的外商投资，尤其是吸引外资企业在我国建立研发机构，发挥先进技术的溢出效应，挖掘技术进步对制造业发展的最大效能，以实现制造业的可持续发展、更好地在世界市场上与发达国家展开竞争。环境规制整体上对制造业国际竞争力表现出显著正向影响，政府应适当加强环境规制，在一定程度上刺激企业进行治污技术创新，发挥环境规制对绿色制造、智能制造的倒逼作用，选择适宜的环保技术对于提高资源配置效率、促进经济增长同样会起到事半功倍的积极作用。

参 考 文 献

[1] 包群，邵敏．外商投资与东道国工资差异：基于我国工业行业的经验研究 [J]．管理世界，2008（5）：46－54．

[2] 蔡昉．中国劳动力市场发育与就业变化 [J]．经济研究，2007（7）：4－14．

[3] 陈爱贞，刘志彪．FDI 制约本土设备企业自主创新的分析——基于产业链与价值链双重视角 [J]．财贸经济，2008（1）：121－126．

[4] 陈波，贺超群．出口与工资差距：基于我国工业企业的理论与实证分析 [J]．管理世界，2013（8）：6－15．

[5] 陈立敏，侯再平．融入技术附加值的国际竞争力评价方法——基于电子通讯设备产业的实证分析 [J]．中国工业经济，2012（3）：134－146．

[6] 陈立敏，谭力文．评价中国制造业国际竞争力的实证方法研究——兼与波特指标及产业分类法比较 [J]．中国工业经济，2004（5）：30－37．

[7] 陈立敏．国际竞争力就等于出口竞争力吗？——基于中国制造业的对比实证分析 [J]．世界经济研究，2010（12）：11－17．

[8] 陈诗一．中国的绿色工业革命：基于环境全要素生产率视角的解释（1980～2008）[J]．经济研究，2010（11）：21－34．

[9] 陈晓华，刘慧．要素价格与中国制造业出口技术结构——基于省级动态面板数据的系统 GMM 估计 [J]．财经研究，2011，37（7）：103－113．

[10] 陈晓玲，连玉君．资本－劳动替代弹性与地区经济增长 [J]．经济学（季刊），2012，12（1）：94－118．

[11] 陈彦斌，陈小亮，陈伟泽．利率管制与总需求结构失衡 [J]．经济研究，2014，49（2）：18－31．

[12] 陈永伟, 胡伟民. 价格扭曲, 要素错配和效率损失: 理论和应用 [J]. 经济学 (季刊), 2011, 4 (10): 1401－1422.

[13] 陈媛媛. 行业环境管制对就业影响的经验研究: 基于25个工业行业的实证分析 [J]. 当代经济科学, 2011 (3): 67－73.

[14] 程承坪, 张旭, 程莉. 工资增长对中国制造业国际竞争力的影响研究——基于中国1980～2008年数据的实证分析 [J]. 中国软科学, 2012 (4): 60－67.

[15] 戴天仕, 徐现祥. 中国的技术进步方向 [J]. 世界经济, 2010 (11): 54－70.

[16] 戴翔, 刘梦, 任志成. 劳动力演化如何影响中国工业发展: 转移还是转型 [J]. 中国工业经济, 2016 (9): 24－40.

[17] 董敏杰, 梁泳梅, 李钢. 环境规制对中国出口竞争力的影响——基于投入产出表的分析 [J]. 中国工业经济, 2011 (3): 57－67.

[18] 董直庆, 王芳玲, 高庆昆. 技能溢价源于技术进步偏向性吗? [J]. 统计研究, 2013, 30 (6): 37－44.

[19] 杜庆华. 产业集聚与国际竞争力的实证分析——基于中国制造业的面板数据研究 [J]. 国际贸易问题, 2010 (6): 87－93.

[20] 范爱军, 林琳. 中国工业品的国际竞争力 [J]. 世界经济, 2006, 29 (11): 30－37.

[21] 傅京燕, 李丽莎. 环境规制, 要素禀赋与产业国际竞争力的实证研究——基于中国制造业的面板数据 [J]. 管理世界, 2010 (10): 87－98.

[22] 傅京燕, 周浩. 对外贸易与污染排放强度－基于地区面板数据的经验分析 (1998～2006) [J]. 财贸研究, 2011, 22 (2): 8－14.

[23] 傅京燕. 环境成本内部化与产业国际竞争力 [J]. 中国工业经济, 2002 (6): 37－44.

[24] 耿伟, 廖显春. 要素价格负向扭曲与中国企业进口中间品多样化 [J]. 国际贸易问题, 2016 (4): 15－26.

[25] 郭克莎. 制造业生产效率的国际比较 [J]. 中国工业经济, 2000 (9): 40－47.

[26] 韩超, 张伟广, 冯展斌. 环境规制如何"去"资源错配——

基于中国首次约束性污染控制的分析 [J]. 中国工业经济, 2017 (4): 115 - 134.

[27] 韩国高, 高铁梅, 王立国, 等. 中国制造业产能过剩的测度, 波动及成因研究 [J]. 经济研究, 2011 (12): 18 - 31.

[28] 韩国高, 胡文明. 要素价格扭曲如何影响了我国工业产能过剩?——基于省际面板数据的实证研究 [J]. 产业经济研究, 2017 (2): 49 - 61.

[29] 黄德春, 刘志彪. 环境规制与企业自主创新——基于波特假设的企业竞争优势构建 [J]. 中国工业经济, 2006 (3): 100 - 106.

[30] 黄薇, 任若恩. 中国价格竞争力变动趋势分析: 基于单位劳动成本的实际有效汇率测算研究 [J]. 世界经济, 2008 (6): 17 - 26.

[31] 黄先海, 陈晓华. 要素密集型逆转与贸易获利能力提升——以中美纺织业为例 [J]. 国际贸易问题, 2008 (2): 14 - 20.

[32] 江静, 路瑶. 要素价格与中国产业国际竞争力: 基于 ISIC 的跨国比较 [J]. 统计研究, 2010, 27 (8): 56 - 65.

[33] 蒋含明. 要素价格扭曲与我国居民收入差距扩大 [J]. 统计研究, 2013, 30 (12): 56 - 63.

[34] 金碚, 李钢, 陈志. 加入 WTO 以来中国制造业国际竞争力的实证分析 [J]. 中国工业经济, 2006 (10): 5 - 14.

[35] 金碚. 资源环境管制与工业竞争力关系的理论研究 [J]. 中国工业经济, 2009 (3): 5 - 17.

[36] 金京, 戴翔, 张二震. 全球要素分工背景下的中国产业转型升级 [J]. 中国工业经济, 2013 (11): 57 - 69.

[37] 孔宪丽, 米美玲, 高铁梅. 技术进步适宜性与创新驱动工业结构调整——基于技术进步偏向性视角的实证研究 [J]. 中国工业经济, 2015 (11): 62 - 77.

[38] 李斌, 彭星, 欧阳铭珂. 环境规制, 绿色全要素生产率与中国工业发展方式转变——基于 36 个工业行业数据的实证研究 [J]. 中国工业经济, 2013 (4): 56 - 68.

[39] 李钢, 刘吉超. 入世十年中国产业国际竞争力的实证分析 [J]. 财贸经济, 2012 (8): 88 - 96.

[40] 李钢, 马岩, 姚磊磊. 中国工业环境管制强度与提升路线——

基于中国工业环境保护成本与效益的实证研究 [J]. 中国工业经济, 2010 (3)：31 - 41.

[41] 李玲，陶锋. 中国制造业最优环境规制强度的选择——基于绿色全要素生产率的视角 [J]. 中国工业经济, 2012 (5)：70 - 82.

[42] 李珊珊. 环境规制对异质性劳动力就业的影响——基于省级动态面板数据的分析 [J]. 中国人口资源与环境, 2015, 25 (8)：135 - 143.

[43] 李小平，卢现祥，陶小琴. 环境规制强度是否影响了中国工业行业的贸易比较优势 [J]. 世界经济, 2012 (4)：62 - 78.

[44] 冷艳丽，杜思正. 能源价格扭曲与雾霾污染——中国的经验证据 [J]. 产业经济研究, 2016 (1)：71 - 79.

[45] 陆菁，刘毅群. 要素替代弹性，资本扩张与中国工业行业要素报酬份额变动 [J]. 世界经济, 2016, 39 (3)：118 - 143.

[46] 陆雪琴，文雁兵. 偏向型技术进步，技能结构与溢价逆转——基于中国省级面板数据的经验研究 [J]. 中国工业经济, 2013 (10)：18 - 30.

[47] 陆旸. 环境规制影响了污染密集型商品的贸易比较优势吗? [J]. 经济研究, 2009 (4)：28 - 40.

[48] 陆旸. 中国的绿色政策与就业：存在双重红利吗? [J]. 经济研究, 2011, 7 (6)：42 - 54.

[49] 毛日昇. 中国制造业贸易竞争力及其决定因素分析 [J]. 管理世界, 2006 (8)：65 - 75.

[50] 马本，张莉，郑新业. 收入水平，污染密度与公众环境质量需求 [J]. 世界经济, 2017 (9)：147 - 171.

[51] 裴长洪，王镭. 试论国际竞争力的理论概念与分析方法 [J]. 中国工业经济, 2002 (4)：41 - 45.

[52] 彭羽. 中国纺织服装业国际竞争力的实证研究 [J]. 世界经济研究, 2009 (11)：64 - 68.

[53] 任若恩. 关于中国制造业国际竞争力的进一步研究 [J]. 经济研究, 1998 (2)：3 - 13.

[54] 盛斌，马涛. 中间产品贸易对中国劳动力需求变化的影响：基于工业部门动态面板数据的分析 [J]. 世界经济, 2008 (3)：12 -

20.

［55］盛斌．中国对外贸易政策的政治经济分析／当代经济学文库［M］.上海人民出版社，2002.

［56］盛仕斌，徐海．要素价格扭曲的就业效应研究［J］.经济研究，1999，5（10）：68－74.

［57］施炳展，冼国明．要素价格扭曲与中国工业企业出口行为［J］.中国工业经济，2012（2）：47－56.

［58］施美程，王勇．环境规制差异，行业特征与就业动态［J］.南方经济，2016（7）：48－62.

［59］史丹，王俊杰．基于生态足迹的中国生态压力与生态效率测度与评价［J］.中国工业经济，2016（5）：5－21.

［60］宋冬林，王林辉，董直庆．技能偏向型技术进步存在吗？——来自中国的经验证据［J］.经济研究，2010（5）：68－81.

［61］宋文飞，李国平，韩先锋．环境规制，贸易自由化与研发创新双环节效率门槛特征——基于我国工业33个行业的面板数据分析［J］.国际贸易问题，2014（2）：65－73.

［62］唐杰英．要素价格扭曲对出口的影响——来自中国制造业的实证分析［J］.世界经济研究，2015（6）：92－101.

［63］陶小马，邢建武，黄鑫，等．中国工业部门的能源价格扭曲与要素替代研究［J］.数量经济技术经济研究，2009（11）：3－16.

［64］涂正革．环境、资源与工业增长的协调性［J］.经济研究，2008（2）：93－105.

［65］王兵，吴延瑞，颜鹏飞．中国区域环境效率与环境全要素生产率增长［J］.经济研究，2010（5）：95－109.

［66］王杰，刘斌．环境规制与企业全要素生产率——基于中国工业企业数据的经验分析［J］.中国工业经济，2014（3）：44－56.

［67］王宁，史晋川．要素价格扭曲对中国投资消费结构的影响分析［J］.财贸经济，2015b（4）：121－133.

［68］王宁，史晋川．中国要素价格扭曲程度的测度［J］.数量经济技术经济研究，2015a，32（9）：149－160.

［69］王勇，施美程，李建民．环境规制对就业的影响——基于中国工业行业面板数据的分析［J］.中国人口科学，2013（3）：54－64.

[70] 王志华，董存田．我国制造业结构与劳动力素质结构吻合度分析 [J]．人口与经济，2012 (5)：1 - 7.

[71] 许召元，胡翠，来有为．产业配套能力对中国制造业生产率的贡献 [J]．经济与管理研究，2014 (7)：74 - 84.

[72] 杨帆，徐长生．中国工业行业市场扭曲程度的测定 [J]．中国工业经济，2009 (9)：56 - 66.

[73] 杨浩昌，李廉水，刘军．中国制造业低碳经济发展水平及其行业差异——基于熵权的灰色关联投影法综合评价研究 [J]．世界经济与政治论坛，2014 (2)：147 - 162.

[74] 杨洪焦，孙林岩，吴安波．中国制造业聚集度的变动趋势及其影响因素研究 [J]．中国工业经济，2008 (4)：64 - 72.

[75] 杨涛．环境规制对中国 FDI 影响的实证分析 [J]．世界经济研究，2003a (5)：65 - 68.

[76] 杨涛．环境规制对中国对外贸易影响的实证分析 [J]．当代财经，2003b (10)：103 - 105.

[77] 姚洋，章林峰．中国本土企业出口竞争优势和技术变迁分析 [J]．世界经济，2008 (3)：3 - 11.

[78] 姚战琪．生产率增长与要素再配置效应：中国的经验研究 [J]．经济研究，2009 (11)：130 - 143.

[79] 叶振宇，叶素云．要素价格与中国制造业技术效率 [J]．中国工业经济，2010 (11)：47 - 57.

[80] 尹显萍．环境规制对贸易的影响——以中国与欧盟商品贸易为例 [J]．世界经济研究，2008 (7)：42 - 46.

[81] 应瑞瑶，周力．外商直接投资，工业污染与环境规制——基于中国数据的计量经济学分析 [J]．财贸经济，2006 (1)：76 - 81.

[82] 余东华，胡亚男．环境规制趋紧阻碍中国制造业创新能力提升吗？——基于"波特假说"的再检验 [J]．产业经济研究，2016 (2)：11 - 20.

[83] 俞会新，薛敬孝．中国贸易自由化对工业就业的影响 [J]．世界经济，2002 (10)：10 - 13.

[84] 张成，陆旸，郭路，等．环境规制强度和生产技术进步 [J]．经济研究，2011 (2)：113 - 124.

158

[85] 张崇辉,苏为华,曾守桢.基于CHME理论的环境规制水平测度研究 [J].中国人口资源与环境,2013,23(1):19-24.

[86] 张杰,周晓艳,李勇.要素市场扭曲抑制了中国企业 R&D?[J].经济研究,2011a(8):78-91.

[87] 张杰,周晓艳,郑文平,等.要素市场扭曲是否激发了中国企业出口 [J].世界经济,2011b(8):134-160.

[88] 张近乐,任杰.熵理论中熵及熵权计算式的不足与修正 [J].统计与信息论坛,2011,26(1):3-5.

[89] 张其仔.开放条件下我国制造业的国际竞争力 [J].管理世界,2003(8):74-80.

[90] 张芊芊,季良玉,李廉水.中国制造业经济创造能力驱动因素的实证研究——基于2001~2011年省际面板数据 [J].华东经济管理,2014,28(9):49-53.

[91] 张三峰,卜茂亮.环境规制,环保投入与中国企业生产率——基于中国企业问卷数据的实证研究 [J].南开经济研究,2011(2):129-146.

[92] 张小蒂,孙景蔚.基于垂直专业化分工的中国产业国际竞争力分析 [J].世界经济,2006(5):12-21.

[93] 张宇,巴海龙.要素价格变化如何影响研发强度——基于地区研发强度分解数据的实证研究 [J].南方经济,2015(1):54-70.

[94] 张禹,严兵.中国产业国际竞争力评估——基于比较优势与全球价值链的测算 [J].国际贸易问题,2016(10):38-49.

[95] 赵红.环境规制对产业技术创新的影响-基于中国面板数据的实证分析 [J].产业经济研究,2008(3):35-40.

[96] 赵连阁,钟搏,王学渊.工业污染治理投资的地区就业效应研究 [J].中国工业经济,2014(5):70-82.

[97] 赵细康.环境保护与产业国际竞争力:理论与实证分析 [M].中国社会科学出版社,2003.

[98] 赵自芳,史晋川.中国要素市场扭曲的产业效率损失——基于DEA方法的实证分析 [J].中国工业经济,2006(10):40-48.

[99] 甄峰,赵彦云.中国制造业产业国际竞争力:2007年国际比较研究 [J].中国软科学,2008(7):47-54.

［100］郑海涛，任若恩. 多边比较下的中国制造业国际竞争力研究：1980—2004 ［J］. 经济研究，2005（12）：77 - 89.

［101］郑振雄，刘艳彬. 要素价格扭曲下的产业结构演进研究［J］. 中国经济问题，2013（3）：68 - 78.

［102］朱诗娥，杨汝岱. 中国本土企业出口竞争力研究［J］. 世界经济研究，2009，2009（1）：8 - 14.

［103］Acemoglu D，Johnson S. Disease and development：the effect of life expectancy on economic growth ［J］. Journal of Political Economy，2007，115（6）：925 - 985.

［104］Acemoglu D. Patterns of skill premia ［J］. Review of Economic Studies，2003，70（2）：199 - 230.

［105］Acemoglu D. Technical change，inequality，and the labor market ［J］. Journal of Economic Literature，2002，40（1）：7 - 72.

［106］Alpay E，Kerkvliet J，Buccola S. Productivity growth and environmental regulation in Mexican and US food manufacturing ［J］. American Journal of Agricultural Economics，2002，84（4）：887 - 901.

［107］Ambec S，Cohen M A，Elgie S，et al. The Porter hypothesis at 20：can environmental regulation enhance innovation and competitiveness? ［J］. Review of Environmental Economics and Policy，2013，7（1）：2 - 22.

［108］Antonelli C，Quatraro F. The effects of biased technological change on total factor productivity：empirical evidence from a sample of OECD countries ［J］. Journal of Technology Transfer，2010，35（4）：361 - 383.

［109］Atkinson S E，Halvorsen R. Parametric efficiency tests，economies of scale，and input demand in US electric power generation ［J］. International Economic Review，1984：647 - 662.

［110］Barbera A J，McConnell V D. The impact of environmental regulations on industry productivity：direct and indirect effects ［J］. Journal of Environmental Economics and Management，1990，18（1）：50 - 65.

［111］Berman E，Bui L T M. Environmental regulation and productivity：evidence from oil refineries ［J］. Review of Economics and Statistics，2001，83（3）：498 - 510.

160

[112] Beyer H, Rojas P, Vergara R. Trade liberalization and wage inequality [J]. Journal of Development Economics, 1999, 59 (1): 103 – 123.

[113] Bezdek R H, Wendling R M, DiPerna P. Environmental protection, the economy, and jobs: National and regional analyses [J]. Journal of Environmental Management, 2008, 86 (1): 63 – 79.

[114] Boyd G A, McClelland J D. The impact of environmental constraints on productivity improvement in integrated paper plants [J]. Journal of Environmental Economics and Management, 1999, 38 (2): 121 – 142.

[115] Brandt L, Tombe T, Zhu X. Factor market distortions across time, space and sectors in China [J]. Review of Economic Dynamics, 2013, 16 (1): 39 – 58.

[116] Busse M. Trade, environmental regulations, and the World Trade Organization: new empirical evidence [J]. Journal of World Trade, 2004, 38 (2): 285 – 306.

[117] Cameron G. The sun also rises: Productivity convergence between Japan and the USA [J]. Journal of Economic Growth, 2005, 10 (4): 387 – 408.

[118] Cartwright W R. Multiple linked "diamonds" and the international competitiveness of export-dependent industries: The New Zealand experience [J]. MIR: Management International Review, 1993: 55 – 70.

[119] Christainsen G B, Haveman R H. The contribution of environmental regulations to the slowdown in productivity growth [J]. Journal of Environmental Economics and Management, 1981, 8 (4): 381 – 390.

[120] Cole M A, Elliott R J R. Determining the trade-environment composition effect: the role of capital, labor and environmental regulations [J]. Journal of Environmental Economics and Management, 2003, 46 (3): 363 – 383.

[121] Cole M A, Elliott R J R. Do environmental regulations influence trade patterns? Testing old and new trade theories [J]. The World Economy, 2003, 26 (8): 1163 – 1186.

[122] De La Grandville O. In quest of the Slutsky diamond [J]. Ameri-

can Economic Review, 1989: 468 – 481.

[123] De Vries J. The economy of Europe in an age of crisis, 1600 – 1750 [M]. Cambridge University Press, 1976.

[124] Fagerberg J, Sollie G. The method of constant market shares analysis reconsidered [J]. Applied Economics, 1987, 19 (12): 1571 – 1583.

[125] Gancia G, Zilibotti F. Technological change and the wealth of nations [J]. Annual Review of Economics, 2009, 1 (1): 93 – 120.

[126] Gray W B, Shadbegian R J. Pollution abatement costs, regulation, and plant-level productivity [R]. National Bureau of Economic Research, 1995.

[127] Hamamoto M. Environmental regulation and the productivity of Japanese manufacturing industries [J]. Resource and Energy Economics, 2006, 28 (4): 299 – 312.

[128] Heyes A. Is environmental regulation bad for competition? A survey [J]. Journal of Regulatory Economics, 2009, 36 (1): 1 – 28.

[129] Hsieh C T, Klenow P J. Misallocation and manufacturing TFP in China and India [J]. Quarterly Journal of Economics, 2009, 124 (4): 1403 – 1448.

[130] Kiley M T. The Supply of Skilled Labour and Skill-biased Technological Progress [J]. Economic Journal, 1999, 109 (458): 708 – 724.

[131] Klump R, McAdam P, Willman A. Factor substitution and factor-augmenting technical progress in the United States: a normalized supply-side system approach [J]. Review of Economics and Statistics, 2007, 89 (1): 183 – 192.

[132] Konings J, Walsh P P. Evidence of efficiency wage payments in UK firm level panel data [J]. Economic Journal, 1994: 542 – 555.

[133] Krueger A B, Summers L H. Efficiency wages and the inter-industry wage structure [J]. Econometrica: Journal of the Econometric Society, 1988: 259 – 293.

[134] Lanoie P, Laurent – Lucchetti J, Johnstone N, et al. Environmental policy, innovation and performance: new insights on the Porter hypoth-

162

esis [J]. Journal of Economics & Management Strategy, 2011, 20 (3): 803 – 842.

[135] Levchenko A A. Institutional quality and international trade [J]. Review of Economic Studies, 2007, 74 (3): 791 – 819.

[136] Levinson A. Environmental regulations and manufacturers' location choices: Evidence from the Census of Manufactures [J]. Journal of Public Economics, 1996, 62 (1): 5 – 29.

[137] Low P, Yeats A. Do "dirty" industries migrate? [J]. World Bank Discussion Papers, 1992.

[138] Mahy B, Rycx F, Volral M. Wage dispersion and firm productivity in different working environments [J]. British Journal of Industrial Relations, 2011, 49 (3): 460 – 485.

[139] Marquetti A. Do rising real wages increase the rate of labor-saving technical change? Some econometric evidence [J]. Metroeconomica, 2004, 55 (4): 432 – 441.

[140] Marx A. Ecological modernization, environmental policy and employment. Can environmental protection and employment be reconciled? [J]. Innovation: The European Journal of Social Science Research, 2000, 13 (3): 311 – 325.

[141] Moon H C, Rugman A M, Verbeke A. A generalized double diamond approach to the global competitiveness of Korea and Singapore [J]. International Business Review, 1998, 7 (2): 135 – 150.

[142] Morgenstern R D, Pizer W A, Shih J S. Jobs versus the environment: an industry-level perspective [J]. Journal of Environmental Economics and Management, 2002, 43 (3): 412 – 436.

[143] Murty M N, Kumar S. Win-win opportunities and environmental regulation: testing of porter hypothesis for Indian manufacturing industries [J]. Journal of Environmental Management, 2003, 67 (2): 139 – 144.

[144] Peters M. Heterogeneous mark-ups, growth and endogenous misallocation [J]. Yale Working Paper, 2012.

[145] Porter M E, Van der Linde C. Toward a new conception of the environment-competitiveness relationship [J]. Journal of Economic Perspec-

tives, 1995, 9 (4): 97 –118.

[146] Porter M E. Towards a dynamic theory of strategy [J]. Strategic Management Journal, 1991, 12 (S2): 95 –117.

[147] Richardson J D. Constant-market-shares analysis of export growth [J]. Journal of International Economics, 1971, 1 (2): 227 –239.

[148] Rodrik D. What's so special about China's exports? [J]. China & World Economy, 2006, 14 (5): 1 –19.

[149] Rubashkina Y, Galeotti M, Verdolini E. Environmental regulation and competitiveness: Empirical evidence on the Porter Hypothesis from European manufacturing sectors [J]. Energy Policy, 2015, 83: 288 – 300.

[150] Rugman A M, D' cruz J R. The "double diamond" model of international competitiveness: The Canadian experience [J]. MIR: Management International Review, 1993: 17 –39.

[151] Sakellaris P, Wilson D J. The production-side approach to estimating embodied technological change [J]. Working Paper, Finance and Economics Discussion Series, 2001.

[152] Seguino S. The effects of structural change and economic liberalisation on gender wage differentials in South Korea and Taiwan [J]. Cambridge Journal of Economics, 2000, 24 (4): 437 –459.

[153] Skoorka B M. Measuring market distortion: international comparisons, policy and competitiveness [J]. Applied Economics, 2000, 32 (3): 253 –264.

[154] Testa J R, Cheung M, Pei J, et al. Germline BAP1 mutations predispose to malignant mesothelioma [J]. Nature Genetics, 2011, 43 (10): 1022 –1025.

[155] Tobey J A. The effects of domestic environmental policies on patterns of world trade: an empirical test [J]. Kyklos, 1990, 43 (2): 191 – 209.

[156] Tyszynski H. World Trade in Manufactured Commodities, 1899 – 1950 [J]. The Manchester School, 1951, 19 (3): 272 –304.

[157] Wang P, Xie D. Activation of a modern industry [J]. Journal of

Development Economics, 2004, 74 (2): 393 –410.

　[158] Wheeler D, Hettige H, Mani M. Industrial Pollution in Economic Development (Kuznets Revisited) [J]. Research Working Papers, 1998, 1 (1): 1 –39.